LOS
RESORTES
PSICOLÓGICOS
DE LA
VENTA

Si este libro le ha interesado y desea que lo mantengamos
informado de nuestras publicaciones, puede escribirnos a
comunicacion@editorialsirio.com,
o bien suscribirse a nuestro boletín de novedades en:
www.editorialsirio.com

Título original: TRIGGERS
Traducido del inglés por Celestial Connection
Diseño de portada: Editorial Sirio, S.A.

©   de la edición original
    1999, Joseph Sugarman

©   de la presente edición
    EDITORIAL SIRIO, S.A.

EDITORIAL SIRIO, S.A.	NIRVANA LIBROS S.A. DE C.V.	DISTRIBUCIONES DEL FUTURO
C/ Rosa de los Vientos, 64	Camino a Minas, 501	Paseo Colón 221, piso 6
Pol. Ind. El Viso	Bodega nº 8,	C1063ACC
29006-Málaga	Col. Lomas de Becerra	Buenos Aires
España	Del.: Alvaro Obregón	(Argentina)
	México D.F., 01280	

www.editorialsirio.com
sirio@editorialsirio.com

I.S.B.N.: 978-84-16579-10-5
Depósito Legal: MA-490-2016

Impreso en Imagraf Impresores, S. A.
c/ Nabucco, 14 D - Pol. Alameda
29006 - Málaga

Impreso en España

Puedes seguirnos en Facebook, Twitter, YouTube e Instagram.

JOSEPH SUGARMAN

LOS
RESORTES
PSICOLÓGICOS
DE LA
VENTA

editorial irio

A mi padre,
Benjamin Sugarman,
gran vendedor e inspiración permanente.

En esta vida tienes dos opciones: puedes disolverte entre las masas o puedes distinguirte. Para distinguirte tienes que ser distinto. Y para ser distinto tienes que esforzarte por ser aquello que nadie más que tú podría ser.

ALAN ASHLEY-PITT

LOS SECRETOS DE LA VENTA

por Joe Girard

Había oído hablar de Joe Sugarman desde hacia mucho tiempo, pero por fin lo conocí personalmente hace cuatro años, al entrevistarlo para un capítulo de mi libro *El camino hacia la cumbre*. Si digo que es una figura legendaria en el mundo de la mercadotecnia, no estoy exagerando nada. Joe tiene siempre una intuición y una forma de ver las cosas que lo convierten en uno de los profesionales más espectaculares.

Ambos somos vendedores: Joe vende en los medios impresos y en la televisión, llegando a millones de personas, mientras que yo atiendo a mis clientes de uno en uno. Pero a pesar de nuestras diferencias, hay un aspecto que nos reconocemos mutuamente. Ambos entendemos la importancia que la psicología tiene en todo proceso de venta.

Este libro te enseñará treinta maneras en las que puedes mejorar tus oportunidades de éxito aplicando los resortes psicológicos que el autor aprendió en muchos años de trabajo. Lo que Joe nos enseña está basado en su experiencia directa, en sus fracasos y en sus aciertos. Con todo ese bagaje de conocimientos ha creado un libro que es diferente a cualquier otro de técnicas de venta que puedas encontrar.

Simplemente aplicando cualquiera de sus treinta resortes psicológicos, mejorarás tus éxitos de un modo espectacular, en algunos casos doblando o incluso triplicando tus ventas actuales. Algunas de estas técnicas las he estado usando instintivamente durante años sin siquiera darme cuenta. Otras son totalmente nuevas para mí, y me ha sorprendido su extraordinario poder para convencer al cliente.

Pero hay algo en este libro que me fascinó desde el principio y que me hizo leerlo de un tirón. Es el sentido del humor de Joe y su increíble habilidad para escribir. Se trata de un maestro de la palabra escrita, y sus relatos y sus anécdotas son divertidos, instructivos e inolvidables.

Este es un libro que debe estar en la mesa de todo vendedor. Es el libro que yo habría deseado leer antes de salir a vender. Y si no trabajase en ventas, lo leería por pura diversión.

Si has tomado este volumen en una librería y estás hojeándolo por primera vez, echa un vistazo al índice y observa el humor con que está escrito y las técnicas que contiene. Puedo garantizarte que el texto cumple la promesa implícita en su título.

Joe Girard es un reconocido autor y figura en El libro guinness *de los récords como el mejor vendedor del mundo en venta al detalle.*

LOS RESORTES PSICOLÓGICOS

Los verdaderos resortes psicológicos que motivan, inspiran e incitan al futuro cliente a decidirse a comprar son con frecuencia desconocidos incluso para los vendedores más experimentados. Sin embargo, el conocimiento de estos resortes psicológicos puede ser un arma muy poderosa en la batalla por captar al cliente.

Muchos de estos resortes son sutiles, otros son exactamente lo contrario de lo que uno podría esperar, y hay otros que probablemente estés ya usando, sin darte cuenta siquiera.

No muchos libros se dedican a este campo. Y por buenas razones. Que yo sepa, nadie ha descubierto la relación que existe entre la venta a través de un anuncio escrito y la venta en persona. Sin embargo, al estudiar esta relación resaltan algunos conceptos muy importantes, que son fáciles de aprender y de comprender y que al ponerlos en práctica, resultan extraordinariamente efectivos.

Muchos de estos resortes psicológicos los descubrí como resultado de mi trabajo vendiendo productos a través de mis palabras. Durante más de treinta años fui redactor publicitario. También era el dueño de la compañía para la que escribía (JS&A), por lo que pude experimentar la consecuencia directa de todas mis acciones. Durante ese tiempo aprendí qué enfoques funcionaban en los anuncios, y cuáles no, y descubrí algunas de las razones ocultas en ambos casos. Y esas razones nunca dejaron de asombrarme.

Algunas veces, el hecho de usar el resorte correcto, en unas pocas palabras al final de un anuncio muy extenso, duplicaba su efectividad. ¡Imagínate que puedes multiplicar por dos tu rendimiento en ventas con solo aplicar ese resorte psicológico! Poco a poco localicé treinta resortes psicológicos distintos. Una vez que me di cuenta de lo valiosa que era la información que había descubierto, y lo que podría beneficiar a cualquiera que se dedicase a la comercialización, decidí compartir este conocimiento con otros profesionales.

¿Es posible duplicar las ventas simplemente por la forma en que expresas la frase final? ¿Puedes hacer que tu producto parezca una ganga, a pesar de que era percibido antes como demasiado caro? La respuesta a estas preguntas y a muchas otras es un estruendoso «sí». Y he demostrado estas teorías en los muchos seminarios que he impartido durante los últimos treinta años, así como en los libros que he escrito.

Estos resortes psicológicos son un poderoso instrumento que podría ayudar a una gran cantidad de gente. ¿Por qué? Porque, nos demos cuenta o no, siempre estamos vendiendo algo. De niños, tenemos que convencer a nuestros padres de que nos alimenten con nuestra comida favorita, que nos lleven a los lugares que nos gustan y que nos compren los juguetes que queremos. Al ir creciendo, tenemos que usar técnicas de venta para conseguir un buen trabajo, para vender productos o servicios y para transmitir nuestros deseos a los demás.

Ser consciente de estos resortes psicológicos no solo me ayudó como redactor publicitario, sino que también me hizo verlos como un arma extraordinaria que apliqué a la venta en televisión. Durante seis años me dediqué a las ventas a través de programas publicitarios, y durante otros siete he estado en el canal de compras QVC vendiendo millones de dólares —algunas veces en un solo día— gracias a muchas de las técnicas que aprendí en mis años de redactor publicitario.

En este libro te voy a mostrar cada uno de estos resortes psicológicos, explicando su poder con base en lo que he experimentado como redactor publicista y también en la televisión. Después te explicaré cómo usar estas técnicas en situaciones de venta personal. Te daré muchos ejemplos para que logres una perspectiva clara de lo que funciona, por qué funciona y cuándo debes usarlo.

Al final de cada capítulo te doy el nombre del resorte psicológico explicado y al final del libro, en el apéndice A, la lista de todos ellos. El apéndice D contiene un resumen de todos los resortes y de los pasos que puedes dar para utilizarlos.

Si cuando termines de leer estas páginas hubiera mejorado tan solo un aspecto de tus ventas o de tu vida en general, ya habría valido la pena leerlo. Pero vas a lograr mucho más, como te darás cuenta dentro de poco.

A lo largo del libro me refiero a la comercialización directa como el método que uso para vender mis productos.

Llamo comercialización directa a cualquier forma de venta en que el cliente ordena el producto directamente sin tocarlo hasta que lo recibe (por regla general, paga por él antes de tenerlo en sus manos).

La venta al detalle (llamada menudeo, en algunos países) es lo opuesto a la comercialización directa, ya que el cliente normalmente ve y examina el producto antes de pagar por él. El lugar donde el producto se presenta es un paso intermedio en el proceso de comercialización, usualmente una tienda o una sala de exhibición.

Se considera que en el 95% de los casos, la razón por la que un cliente compra es una decisión subconsciente. El propósito de este libro es mostrarte cuáles son los resortes ocultos que desencadenan la venta y cómo responde la mente subconsciente del cliente a varios aspectos de la oferta que se le hace. Verás que este conocimiento es de un valor incalculable.

Capítulo 1

El helado de chocolate

La gente es divertida. Y de la forma en que reacciona, algunas veces podemos sacar reflexiones muy valiosas. Te voy a contar cómo gracias al helado de chocolate con nata descubrí uno de los resortes psicológicos, aunque, por supuesto, en aquel momento no fui muy consciente de ello.

Al final de los años cincuenta trabajaba yo en Nueva York, vendiendo equipo de impresión. Un día, después de la cena, decidí detenerme en una pequeña heladería. Me senté en la barra y al preguntarme la camarera qué deseaba, pedí mi postre favorito.

—Un helado de chocolate con nata batida.

—¿Un *sundae* de chocolate? —me preguntó la camarera mirándome con una expresión extraña.

—No, quiero un helado de chocolate con nata batida —fue mi respuesta.

—Bueno, pues eso es un *sundae* de chocolate sin el jarabe —replicó la camarera.

—No, es simplemente un helado de chocolate con un poco de bata batida. ¿Por qué insiste en lo del *sundae*? ¿Cuál es la diferencia? –pregunté.

—Pues la diferencia es que un *sundae* cuesta treinta centavos y el helado sencillo cuesta veinticinco. Lo que usted quiere es un *sundae* sin el jarabe –replicó la camarera, con una expresión altiva.

—Mire, lo que yo quiero es un helado de chocolate con nata, y si tiene que cobrarme diez centavos más, pues me los cobra –fue mi respuesta. Ten en cuenta que esto ocurría hace más de cuarenta años, cuando un dólar era mucho más dinero que en la actualidad.

Llegó el helado y me lo tomé. Estaba delicioso. Desde que era estudiante, el helado de chocolate era mi postre favorito. Luego, al terminar los estudios es cuando me fui a trabajar a Nueva York.

Siempre había oído decir que los neoyorquinos tenían una forma diferente de expresarse, por lo que aquella primera experiencia no me sorprendió demasiado.

Pocos días después fui a comer a un pequeño restaurante del West Side. Cuando la camarera me preguntó si quería postre, respondí:

—Sí, un helado de chocolate con nata batida, por favor.

—¿Querrá decir un *sundae*? –dijo la camarera mirándome con las manos en las caderas.

«Otra vez la misma historia», pensé.

—No, un *sundae* no, quiero un helado de chocolate con nata batida.

—Eso es un *sundae* sin jarabe –respondió secamente la camarera.

Después de batallar un rato, finalmente conseguí mi helado de chocolate con nata batida y pagué diez centavos extra, justo como había hecho en la heladería.

Y durante las siguientes semanas, cada vez que pedía mi postre favorito, independientemente del restaurante en que me hallara, tuve que pasar por lo mismo.

Una tarde, después de un día de trabajo extenuante, estaba terminando de comer en un restaurante en el centro de Manhattan, cuando la camarera se acercó y me preguntó:

—¿Desea algo de postre?

Lo que yo quería era lo de siempre, pero sencillamente no me sentía de humor para toda la rutina verbal por la que había pasado tantas veces durante las últimas semanas.

—Tomaré un helado de chocolate –fue mi respuesta, sacrificando la nata batida para evitarme la discusión.

Cuando la camarera se alejaba, me di cuenta, en lo que debió de haber sido una fracción de segundo, de lo mucho que deseaba mi helado de chocolate con nata batida y pensé que no debería dejarme intimidar por una camarera.

—Oiga, señorita –le grité mientras la camarera seguía caminando hacia la cocina—, ¿podría ponerme un poco de nata batida en el helado?

—Claro –fue su respuesta–, sin ningún problema.

Cuando llegó la cuenta, vi que me habían cobrado solo veinticinco centavos por el helado y la nata batida —cuando antes siempre me cobraron treinta y cinco. Observé que lo de la nata batida se me ocurrió después, mientras la camarera se estaba ya alejando. ¿Funcionaría aquello de nuevo? ¿Sería esa la manera en que debía pedir el postre a partir de entonces?

Lo comprobé al día siguiente. En esa ocasión fui a uno de los restaurantes donde la camarera me había dado problemas.

Comí agradablemente y al ordenar el postre, simplemente le dije a la camarera:

—Helado de chocolate.

Ella lo escribió en la nota y cuando ya se alejaba, le dije:

—¿Podrían ponerle un poco de nata batida?

Me miró, asintió con la cabeza y siguió andando. Luego me trajo el helado de chocolate con nata batida, pedí la cuenta y, por supuesto, el postre estaba facturado solo con veinticinco centavos. La técnica había funcionado de nuevo.

Lo intenté una y otra vez, yendo a propósito a restaurantes donde me habían cobrado antes treinta y cinco centavos, para comprobar que ahora me cobraban veinticinco solo por la forma distinta de pedirlo. Incluso volví a pedirlo como lo hacía antes, y me encontré atrapado en la vieja rutina de tener que explicar que no quería un *sundae*, para finalmente terminar pagando diez centavos más. Pero la prueba final estaba aún por llegar.

Un día, almorzando con un amigo, le conté lo que había descubierto en relación con la forma de pedir el helado. Le pareció difícil de creer y me propuso que hiciéramos la prueba: él pediría helado de chocolate con nata batida y después de pasar por toda la historia del *sundae*, yo pediría únicamente helado de chocolate. Al irse la camarera, la llamaría y le diría que añadiera algo de nata batida a mi helado. Y así veríamos lo que conseguíamos ambos y cuánto nos cobraba a cada uno.

Y eso es lo que hicimos. Por supuesto, la camarera entró con mi amigo en la misma discusión a la que yo estaba ya acostumbrado y él finalmente aceptó el *sundae* sin el jarabe de chocolate. Yo pedí solo el helado, pero cuando la camarera ya se iba, le grité:

—¿Le pondría también un poco de nata batida a mi helado?

Ella asintió y siguió hacia la cocina.

Cuando llegaron, los helados eran idénticos. Pero no la cuenta. Por supuesto, a mi amigo le cobraron treinta y cinco centavos por un *sundae* y a mí veinticinco por un helado, aunque ambos postres eran iguales.

¿Qué hay en la naturaleza humana para que la forma de pedir el mismo producto determine su precio? La respuesta es el primero de los resortes psicológicos, y se llama continuidad.

La camarera anotó mi orden original de tan solo helado y luego permitió la adición de la nata batida porque ya había aceptado y adoptado mi pedido inicial. ¿Qué utilidad podría tener esto en el proceso de venta?

En la comercialización directa, he averiguado que lo más importante que puedes hacer para convertir a una persona en cliente es hacerle su compra lo más fácil posible, independientemente de lo reducida que sea dicha compra. Por lo tanto es imperativo que el compromiso sea sencillo, sea pequeño y responda a las necesidades del cliente.

Una vez que ese primer compromiso está hecho y la persona se ha convertido en cliente, el campo de juego cambia totalmente. Ahora existe ya un nivel de compromiso y la posibilidad de una continuidad, y eso facilita futuras compras.

Un buen ejemplo podemos verlo al comprar un coche. La vendedora anota tu pedido, consigue la aprobación del director general, y después te hace firmar el contrato de compra. Al irse para hacer que preparen el coche para que te lo lleves, se gira hacia ti y te dice:

—Quiere también las alfombrillas, ¿verdad?

Tú instintivamente asientes con la cabeza y el cargo se añade a tu factura. Luego agrega que tienes mucha suerte porque esta semana los espejos retrovisores panorámicos están a un precio especial, y vuelves a decir que sí.

Una vez que se ha logrado un compromiso, la tendencia es que exista una continuidad. Y el cliente asiente con la cabeza.

Jon Spoelstra,[1] ex director general del equipo de baloncesto *Portland Trailblazers* y presidente de los *Nets* de Nueva Jersey, me explicó:

—Yo visitaba personalmente al futuro cliente, le vendía un paquete básico de entradas, luego me despedía y cuando ya me estaba retirando camino de la puerta, volvía y le ofrecía algo más. Con mucha frecuencia, el cliente simplemente asentía con la cabeza, diciendo: «Sí, claro, póngalo también».

Uno de los puntos más importantes es hacer que esa primera venta sea muy sencilla. Una vez que el cliente ha comprado, podrás fácilmente ofrecerle más productos y acrecentar así tus ventas. Lo mismo ocurre con los artículos que se venden por correo o por la televisión. He aprendido a mantener la primera oferta extremadamente sencilla. Después, una vez que el cliente llama y ordena lo que estoy ofreciendo, y mientras está al teléfono, le ofrezco otros objetos y suelo terminar siempre con una venta total mucho más grande. En

---

1. Autor del libro *Solo un deseo te separa del éxito*, publicado por esta misma editorial.

más del 50% de los casos, dependiendo de cuál sea la oferta adicional, la venta inicial se incrementa.

Una vez que has hecho la compra inicial, estás comprometido con lo que ya has emprendido. En el caso de comprar, ahora existe en ti cierta tendencia a adquirir más. Y si aplicas este principio en Nueva York cuando quieras un helado, incluso te puedes ahorrar unos dólares.

Resorte psicológico 1:

CONTINUIDAD

Capítulo 2

LA MUERTE DEL VECINO

Uno de los resortes psicológicos realmente más importantes es saber cómo tienes que vender un producto, pues cada uno de ellos tiene una personalidad única, una naturaleza propia y distinta a la de los demás. Y tú debes averiguarla.

Conocí a Franklin Howard casi al empezar con JS&A (mi compañía de ventas por correo), cuando operaba desde el sótano de mi casa. Howard era un vendedor de seguros de Chicago que me compró su primera calculadora en respuesta a un anuncio que puse en el *The Wall Street Journal*. Estaba muy contento con su calculadora y un día vino a comprarme varias más. Posteriormente, pasaba de vez en cuando y se llevaba unas cuantas para darlas como regalo a sus mejores clientes.

Un día, en una de esas visitas, me hizo notar que, debido a que JS&A era una empresa en franco crecimiento, debería tener un seguro:

—Sería conveniente que protegieras a tu familia, por si algo te llegara a pasar.

—Gracias. Te lo agradezco, pero realmente no creo mucho en los seguros –fue mi respuesta.

Pero Howard era un buen vendedor. A veces me enviaba un artículo aparecido en algún periódico sobre calculadoras o información acerca de algún artilugio que había visto en alguna revista. Y de vez en cuando, pasaba a verme, se llevaba una calculadora y de nuevo dejaba caer su comentario:

—Joe, realmente deberías ya tener algún seguro.

—Gracias, Howard. Te agradezco el consejo –era mi respuesta usual.

Una mañana oí una sirena que se detenía frente a la casa de mi vecino. Miré por la ventana y al momento vi cómo lo sacaban en una camilla, tapado con una sábana. Había sido un infarto. Estaba muerto. Apenas pasaba de los cuarenta años. Yo, en esa época tenía treinta y seis.

Al día siguiente llamé a Howard por teléfono:

—Howard, ¿recuerdas nuestras conversaciones sobre seguros, sobre proteger a la familia y todo eso? Bueno, pues creo que ha llegado el momento de sentarnos y buscar algún plan de seguros para mi familia y para mí.

Finalmente di el paso decisivo. ¿Fue la pericia de Howard como vendedor? ¿Fue su persistencia? Quizá. Pero de aquel suceso aprendí una forma realmente efectiva de vender toda una serie de productos. Howard tuvo éxito porque sembró en mi mente suficientes semillas para que me diera cuenta de lo que eran los seguros, quién debería vendérmelos y quién era un buen cliente y amigo. ¿Cuándo llegaría el momento de comprar? Sólo yo, Joe Sugarman, lo sabría. Y solo apreciaría el valor de un seguro cuando una experiencia cercana me golpeara. En el momento en que tuve esa experiencia, respondí a ella.

Cada producto posee una naturaleza propia que debes captar y comprender, si quieres tener éxito en su venta. Por ejemplo, de esa experiencia del seguro, aprendí cómo vender alarmas antirrobo. Llegué a tener una de las compañías de ventas de alarmas antirrobo más grandes del país, con las que protegía a más hogares que ninguna otra empresa de la competencia.

La alarma se llamaba *Midex* y al crear un anuncio para ella volví a pensar en Howard. Sabía que tratar de asustar a la gente para que comprara una alarma era como si él hubiera llegado a mi sótano gritando: «Joe, te vas a morir y vas a dejar a tu esposa y a tus hijos en un caos económico». Esta no es la forma de vender un seguro. Tampoco citar las estadísticas de robos me serviría para vender alarmas.

Me di cuenta de que para que yo comprara una alarma antirrobo, antes que nada debía estar convencido de que me era necesaria. Quizá a causa del robo sufrido por un vecino, o porque los robos en mi comunidad estaban creciendo, o porque recientemente hubiera comprado algo caro.

Una vez que supiera que necesitaba una alarma, buscaría una que realmente se adecuara a mi situación. Mi primera exigencia sería que funcionase bien. Posiblemente, la primera vez que realmente necesitase de ella. Tal vez fuera la única vez que tuviera que funcionar, y yo querría estar seguro de que iba a funcionar impecablemente.

Lo segundo en importancia sería la facilidad de instalación. Debía ser tan fácil de instalar que no hiciera necesario que operarios ajenos estuvieran tendiendo cables por toda la casa. Así que cuando escribí el anuncio sobre la alarma antirrobo Midex, me aseguré de dedicar varios párrafos a la fiabilidad del producto y a resaltar que cada unidad había sido probada minuciosamente antes de mandársela al cliente. También utilicé al astronauta Wally Schirra citándolo en mi anuncio. Simplemente decía: «Estoy muy contento con mi alarma».

Nunca intenté asustar al futuro cliente con estadísticas de robos. Todo lo que hice fue tomar conciencia de la naturaleza del producto que estaba vendiendo, plantear los puntos que eran importantes para el cliente y esperar que el este viera el anuncio las veces suficientes o sintiera el peligro lo bastante cerca como para comprar una alarma.

Recibimos muchos pedidos de gente que en su día había recortado el anuncio y lo había guardado en un archivador. Cuando de verdad sintieron la amenaza de robo, llamaron para hacer su pedido. Afortunadamente, gracias a nuestro sentido de la oportunidad, había suficientes personas que querían una unidad al ver el anuncio, pero también recibimos pedidos meses después de haber dejado de publicarlo. A pesar de que los productos electrónicos de aquel tiempo eran ya obsoletos a los pocos meses de haber sido lanzados, nos las arreglamos para publicar nuestro anuncio durante más de tres años seguidos, antes de que las ventas bajaran.

Uso este sistema de seguridad como un ejemplo de cómo los productos tienen su personalidad propia y única, basada en nuestra reacción emocional ante ellos. Y gracias a mi experiencia con Howard y a la prematura muerte de mi vecino, hice una especial reflexión sobre la naturaleza de este producto, diferente pero relacionado con el de Howard.

Pero ¿y otros productos? ¿Cómo averigua uno, o cómo aprende uno acerca de su naturaleza? Hay dos caminos. El primero es llegar a ser un experto en el producto que estás vendiendo. Investiga todo lo que puedas acerca de él, cómo se fabrica, cómo se utiliza y algunas de las aplicaciones poco usuales que se le pueden dar.

Descubre el atractivo emocional que el producto o el servicio puedan tener para el futuro cliente. Estudia al futuro cliente. Habla con tantos compradores potenciales como puedas y capta sus comentarios. Haz muchas preguntas. Cuanto más experto llegues a ser, más cerca estarás de descubrir realmente la verdadera naturaleza de lo que estás vendiendo.

Lo segundo que puedes hacer es acudir a tu propio conocimiento. Durante toda tu vida has tenido muchas experiencias que podrían arrojar luz a tu comprensión del producto que vas a vender. Ya tienes la información; solo necesitas desenterrarla de tu vasta experiencia personal.

Piensa en otros ejemplos. ¿Cuál es la naturaleza de un juguete? Simplemente por tu experiencia personal sabes que está diseñado para divertir. Así que resaltas los aspectos divertidos del producto. Quizá cuando lo estudies, encontrarás algo más que pueda atraer a tu futuro cliente. ¿Cuál es la naturaleza de un aparato para medir la presión sanguínea? Es un dispositivo médico muy serio que se usa para medir ese parámetro.

Fíjate en la palabra *serio*. ¿Cuál es la naturaleza de una alarma antirrobo? Es un producto serio que debe ser fácil de instalar, que debe funcionar cuando se supone que tiene que funcionar, y que proporciona protección a los propietarios preocupados. Usualmente, todo lo que necesitas para entender y apreciar la naturaleza de un producto es el sentido común, combinado con una pequeña dosis de trabajo.

Si no entiendes la naturaleza del producto que estás vendiendo, no lo venderás de un modo efectivo. Cada uno de ellos tiene una naturaleza única, una forma propia de relacionarse con el consumidor. Si entiendes esa naturaleza y encuentras la forma de relacionar mejor el producto con el futuro cliente, tendrás uno de los resortes psicológicos más importantes.

Resorte psicológico 2:

LA NATURALEZA DEL PRODUCTO

Capítulo 3

AMOR Y PROSTITUTAS
EN EL CAMPUS

En las ventas, no solo es importante entender la naturaleza del producto que estás ofreciendo, sino también la naturaleza del cliente. Estando yo en la universidad, en un momento en que pensaba afiliarme a una fraternidad, tuve una experiencia que resalta el valor de este importante resorte psicológico.

De todas las fraternidades, escogí la peor. ¿Por qué? Tras visitar varias de ellas durante cierto tiempo, llegué a tener una idea bastante clara acerca de cuál era el principal motivo por el que los muchachos se afiliaban a una fraternidad.

Pensé que con este conocimiento, podría tomar la peor fraternidad y convertirla en la mejor, mediante un plan de comercialización efectivo, que lograra incrementar drásticamente el número de afiliados. Mi enfoque tendría muy en cuenta la naturaleza de mi futuro cliente (el estudiante) y, usando dicha información, lo seduciría para que deseara unirse a mi fraternidad antes que a ninguna de las otras.

De esta forma podría, incrementando mucho el número de miembros, transformar mi fraternidad en una organización de alto prestigio, independientemente de lo mala que hubiera sido en el momento en que yo me uní a ella. Puede parecer un plan bastante ingenuo pero yo estaba convencido de que podría cambiar aquella situación.

Después de afiliarme, pasar por el periodo de iniciación y hacer mi juramento de adhesión, fui ante mis compañeros de fraternidad y les expuse mi plan, al cual llamé «Operación Supervivencia». Les expliqué que los muchachos se unen a una fraternidad básicamente por dos factores psicológicos: antes que nada, porque era un medio para conocer chicas y, en segundo lugar, para experimentar la camaradería, la sensación de hermandad y de amor de un grupo de gente al cual uno pertenece.

Demostré que podía crearse una ilusión que aportara ese efecto de amor y relación social a fin de captar nuevos miembros o «novicios», como se los llamaba. El objetivo era lograr que más gente quisiera afiliarse a nuestra fraternidad que a cualquier otra en el campus. Y necesitábamos urgentemente esa gran infusión de nuevas caras o de lo contrario nuestra fraternidad moriría con toda seguridad, así de mala era la situación y así de torpes éramos atrayendo nuevos miembros. Verdaderamente era una Operación Supervivencia.

Mi plan era sencillo y consistía en dos partes. La primera era invitar a las chicas más hermosas y sensuales para que, en nuestros actos públicos, actuasen como anfitrionas. Las anfitrionas no debían ser las novias de los hermanos, como se había hecho hasta entonces, no, y además las chicas tenían que ser verdaderos monumentos. Gracias a ellas, después de nuestro acto, la gente hablaría de él durante muchos días.

La segunda parte era la forma en que cada hermano tenía que presentar a otro hermano al futuro novicio. Insistí que debía decir algo amable y cálido acerca de su hermano de fraternidad. Por ejemplo: «Pondrás el brazo alrededor de tu hermano y le dirás al futuro novicio qué maravillosa persona es y cuánto admiras y amas realmente a este muchacho».

El plan no era tan fácil de ejecutar como parecía. Primero, ninguna chica monumental del campus querría saber nada de mi fraternidad. Segundo, los muchachos se odiaban entre sí. Expresar amor a un hermano al que uno odia parecía un gesto bastante difícil, si no es que imposible. Pero llevé a cabo algunos actos que hicieron que funcionara.

Contratamos a cuatro de las más hermosas artistas de *striptease* de la ciudad. Eran jóvenes, sensuales y con un cuerpo escultural y además agradecieron la oportunidad de representar el papel de estudiantes universitarias e hicieron de anfitrionas en las tres fiestas que habíamos planeado para captar nuevos afiliados.

Después ensayé con los muchachos y los hice semiabrazar a otros, expresando este nuevo amor fraternal que era tan extraño y repulsivo para ellos. Apenas podían soportarlo. Pero la farsa funcionó.

No solo captamos más gente nueva que en toda la historia de la fraternidad —derrotamos a todas las demás fraternidades—, sino que algunos de los miembros realmente se acercaron a sus hermanos, y un nuevo espíritu se difundió en toda la fraternidad. Tanto se habló en el campus acerca de las chicas que actuaban como anfitrionas nuestras que en la tercera fiesta no hubo lugar suficiente para la multitud que vino. De hecho, las artistas de *striptease* disfrutaron tanto su experiencia que invitaron a algunas de sus hermosas amigas a unirse a la diversión (una de las chicas resultó ser una prostituta profesional, pero de esto hablaré en otra parte del libro). El asunto es que los estudiantes quedaron tan impresionados con el amor, la hermandad y el despliegue de hermosas mujeres que cuando llegó el momento de afiliarse, literalmente rogaban ser aceptados.

Comprendí la naturaleza de mi producto (la fraternidad) y de mi cliente (los jóvenes estudiantes que buscaban un lugar donde hallar amistad y relacionarse entre sí). El resorte psicológico en este caso fue conocer la naturaleza del cliente, aquellos de sus aspectos emocionales que mejor respondían al guion planeado. La Operación Supervivencia fue un gran éxito y transformó mi fraternidad en una de las mejores del campus, todo a partir de un sencillo plan de mercadotecnia y tan solo en unas pocas semanas.

Permíteme citar algunos ejemplos que ilustren este importantísimo principio. ¿Cómo puedes usar este resorte psicológico en la venta directa? Deberás conocer qué relación hay entre la naturaleza de tu futuro cliente y la naturaleza de tu producto. Conviértete en un experto acerca de tu futuro cliente. Escúchalo, habla con él y con quienes lo conocen y han tratado con él. Pronto descubrirás su verdadera naturaleza y las razones emocionales por las que podría comprar.

Si yo vendiera una casa, debería conocer las motivaciones de mis futuros clientes y saber lo que están buscando en una vivienda. Descubriría su historia. Les preguntaría acerca de sus pasadas experiencias al comprar casas y me enteraría de cuáles eran sus aficiones. Reuniría tanta información acerca de ellos como fuera posible y después trataría de averiguar qué necesidades emocionales y lógicas podrían tener.

El hecho de conocer las necesidades y la naturaleza del cliente en general me daría información suficiente para crear una presentación de ventas efectiva que —esto sería lo ideal— hiciese coincidir la naturaleza de mi producto con la naturaleza de mi futuro cliente.

El comprador tiene necesidades emocionales básicas que tu producto puede satisfacer, independientemente de lo sofisticada o lo sencilla que sea tu oferta del producto. Examina esas necesidades emocionales. Por el momento, olvídate de las necesidades lógicas, pues solo desde la perspectiva de la emoción llegarás al núcleo de las motivaciones de la persona. Y en ese punto, es donde obtendrás todas las pistas que necesitas para descubrir el camino hacia el corazón y el alma del cliente, y finalmente hacia su bolsillo.

Resorte psicológico 3:

LA NATURALEZA DEL CLIENTE

Capítulo 4

TENDER LA ROPA SUCIA EN EL
ASTA DE LA BANDERA

Imagínate que estás hablando con un futuro cliente tratando de venderle un determinado producto, que sabes que tiene un defecto. Digamos que es el producto más feo que podrías ofrecer. Además, tiene un nombre estúpido. Peor aún, tú por regla general vendes los productos de mejor apariencia –los que ganan premios por su belleza, diseño y tecnología–, y ese es simplemente horrendo.

Ese es exactamente el reto al que me enfrenté al vender un termostato hecho por una pequeña compañía de Detroit. El nombre de Magic Stat no era conocido en absoluto, la caja de plástico era corriente y todo el aparato parecía una regresión a la época de Thomas Edison.

En lugar de enterrar las desventajas del producto, las presenté primero, y las presenté como lo que eran: desventajas. Hablé acerca de cómo al principio me impresionaron su fealdad y su estúpido nombre. En pocas palabras, presenté la ropa sucia directa y frontalmente y después la deseché, en virtud de las grandiosas características que el producto en realidad también tenía.

Siempre que tuve que vender algo que contenía algún fallo evidente, lo resaltaba en mi anuncio antes que nada. En pocas palabras, mostraba mi ropa sucia clara, abierta y honestamente.

Este es uno de los resortes psicológicos de la venta. En el pasado, cuando mostraba un bien inmueble que sabía que podría despertar alguna objeción en la mente de mi cliente, la resaltaba yo primero. Asombrosamente, el hecho de resaltarla yo primero no solo era una sorpresa, sino que también reducía la importancia o el impacto negativo de dicho problema.

Tuve una hermosa casa en Northbrook (Illinois), en la que viví durante muchos años. Cuando la puse en venta, el agente inmobiliario me advirtió que no obtendría el valor total de mi vivienda a causa de su ubicación. El patio de atrás daba a una calle muy concurrida. Este era el único problema que tenía, desde el punto de vista del agente inmobiliario.

En lugar de intentar disminuir esta única característica negativa, al preparar una descripción escrita de toda la casa me referí al asunto de la calle concurrida antes que nada. Decía: «El único aspecto negativo de esta casa parece ser la calle concurrida a la que da el patio trasero». Después expliqué que había muchos árboles entre la calle y la casa y que los árboles absorbían los ruidos de la calle. Resalté que en aquella zona se habían construido recientemente bastantes viviendas cuyo patio trasero daba a calles con tráfico y que se estaban vendiendo bastante más caras que la mía. Incluso remarqué las ventajas de tener una calle importante a espaldas de la casa, por ejemplo, para acceso a los bomberos y por la seguridad. Se vendió en diez días, al precio que yo quería, y la vendedora de la inmobiliaria vio personalmente lo efectivo que fue el hecho de resaltar y afrontar abiertamente un punto negativo. De hecho, hacer esto reduce y a menudo elimina las objeciones al respecto.

¿Por qué funciona esto así? Antes que nada, toma conciencia de que no puedes engañar a tu futuro cliente. Si en realidad algo no está bien en lo que estás vendiendo, el cliente lo sabrá, lo sentirá o lo percibirá. Puedes pensar que podrías engañarlo, pero en realidad él es más ingenioso de lo que crees.

Por ello, si sientes que hay algo negativo en lo que estás vendiendo, algo que pudiera despertar objeciones en el cliente, destaca esa característica antes que nada. No esperes hasta el final, resáltala de entrada. Al presentar esa característica directamente disuelves la resistencia inicial y das la imagen de ser honesto y digno de confianza. La confianza y el respeto que así logras bajará los mecanismos de defensa de tus clientes, y así, estarán preparados para escuchar las ventajas reales del producto o del servicio que les estás ofreciendo.

El próximo paso es resolver la objeción. Una vez que la hayas planteado y hayas llamado la atención del cliente sobre esa desventaja, el próximo paso es solucionarla. Pero incluso más importante que solucionarla es resaltarla desde el principio de la presentación.

Resorte psicológico 4:

RESALTAR LAS OBJECIONES

Capítulo 5

LAVAR LA ROPA SUCIA

Tan importante como mostrarle desde el principio a tu futuro cliente la ropa sucia es lavarla. En los ejemplos del capítulo anterior vimos cómo detectar las características negativas o las posibles objeciones a la venta y después cómo llamar inmediatamente la atención sobre ellas.

Pero ahora viene la parte difícil. Debes solucionar esas objeciones. Por ejemplo, si yo estuviera vendiendo un termostato (como en el caso anterior) y el futuro cliente tuviera que instalarlo, llamaría su atención sobre el tema de la instalación inmediatamente, al principio del anuncio. Por mi experiencia con otras ventas sé que los consumidores no disfrutan mucho instalando aparatos eléctricos en los que deben conectar diversos cables y tener en cuenta voltajes.

Al resaltar la posible objeción y después solucionarla, elimino un obstáculo importante que podría estar bloqueando la venta. En el ejemplo de la instalación, llamaría la atención sobre el hecho de que los cables del termostato son de solo veinticuatro voltios –insuficientes para dañar a nadie–. También mencionaría que los cables están codificados por colores, lo cual hace su instalación extremadamente fácil.

En contraste, he visto cómo muchos de mis competidores evitan llamar la atención sobre una objeción y además nunca la solucionan. Y he observado también cómo fallan sus anuncios.

Este es un punto muy importante: no puedes solucionar una objeción sin antes haberla mostrado. Te voy a dar un ejemplo de esto, extraído de mis propias observaciones.

Un día, me hallaba pilotando mi avioneta a unos ochenta kilómetros del aeropuerto de Palwaukee en Wheeling (Illinois), donde estaba programado para aterrizar. Las condiciones atmosféricas eran perfectas para volar. Era un día brillante, claro –uno de esos raros días en los que la visibilidad es de muchos kilómetros a la redonda. Pero al aproximarme a Palwaukee noté que los controladores aéreos estaban inusualmente callados.

Poco después pude ver, a la distancia, un gran incendio cerca del aeropuerto de O´Hare, en Chicago. Aterricé con mi avioneta, la estacioné y me dirigí a la oficina de vuelo del aeropuerto. Allí me enteré por la televisión de que el vuelo 191 de American Airlines se acababa de estrellar al despegar de O´Hare y que todos sus pasajeros habían muerto. Era el 25 de mayo de 1979, y es uno de esos recuerdos que permanecen de forma indeleble grabados en mi mente.

El avión que se estrelló era un DC-10, uno de los más grandes y el más famoso de los aviones de McDonell Douglas. Inmediatamente después de la colisión se averiguó que existía un problema hidráulico que, bajo determinadas circunstancias, podía causar una pérdida de control y, consecuentemente, una colisión. McDonell Douglas corrigió rápidamente el problema, pero durante una temporada todos los DC-10 del mundo permanecieron en tierra.

Como si no fuera suficiente, una vez que volvieron a volar en un periodo relativamente corto de tiempo otros dos DC-10 se vieron involucrados en sendas colisiones. En estos dos casos no tuvo nada que ver fallo alguno del avión, pero el estigma del accidente de American Airlines estaba aún en la mente del público. McDonell Douglas se dio cuenta de que había que hacer algo para contrarrestar la publicidad negativa.

Escogieron a Pete Conrad para que creara un anuncio dirigido al público interesado. Sin embargo, en lugar de resaltar el asunto del avión estrellado (como harías con una objeción) y después solucionarlo, en este caso la objeción fue totalmente ignorada. El anuncio hablaba acerca de lo seguros que eran los DC-10 y cómo estaban construidos según normas estrictas y cómo se habían invertido dieciocho millones de horas de ingeniería en el desarrollo del avión, y así seguía y seguía. Pero le faltaron unas sencillas frases: «Sin duda habrá habrá llegado a sus oídos la reciente serie de colisiones en las que han estado involucrados aviones DC-10. Pues bien, hay algunas cosas que debe usted saber».

Yo hubiera resaltado algunos datos. En primer lugar, que una circunstancia inusual, relacionada con el sistema hidráulico, es lo que causó la colisión de O'Hare. Después habría explicado lo que se había hecho para solucionar el problema y luego trataría de restablecer la confianza en la seguridad del avión, explicando que tanto las inspecciones como los sistemas instalados recientemente a prueba de fallos. En pocas palabras, habría resaltado las objeciones —pensamientos que sin duda ya estaban en la mente de los consumidores— y después las habría solucionado explicando todas las medidas que ya se habían tomado.

Sólo entonces diría lo que Pete Conrad dijo en su anuncio. Sin embargo, en lugar de eso, todo el anuncio estaba enfocado a solucionar objeciones acerca de la calidad de la construcción del aparato, cuando eso no era lo que estaba en la mente de los lectores. De ese modo, perdió una oportunidad importante.

Si solucionas cualquier objeción sin haberla resaltado primero, estás perdiendo tu tiempo. Y si no destacas la objeción que tus clientes tienen ya en su mente, no conseguirás nada.

La agencia de publicidad que creó el anuncio del DC-10 y la compañía que lo aprobó pudieron haber tenido diferentes propósitos al difundirlo —tal vez más desde un ángulo legal que desde un sentido comercial—. Pero el anuncio falló claramente.

En el proceso de la venta, es importante resaltar una objeción desde el principio de la presentación. Es igualmente importante, si no más, pensar en una estrategia para solucionarla. Así, fundes la resistencia a tu exposición y, al mismo tiempo, te ganas el respeto de tu futuro cliente.

Independientemente de cuál sea el problema de tu producto o tu servicio, independientemente de lo malo que parezca y de las ganas que tengas de esconder el problema, debes sacarlo a la luz desde el principio y después solucionarlo. De este modo, la pregunta clave es: «¿Cómo puedo hacer que este problema se convierta en una oportunidad?».

Dentro de todo problema yace una oportunidad mucho más grande que el propio problema. Tu trabajo es descubrir esa oportunidad. Permíteme darte algunos ejemplos.

En una ocasión estaba vendiendo un generador de iones. El producto producía iones negativos, los cuales se ad-
herían a las partículas de contaminación del tamaño de un
micrón y después las precipitaban fuera del aire. La unidad
que yo estaba vendiendo era un cilindro liso, negro, brillante,
con una tapa inclinada que normalmente le daría la apariencia de un gran objeto de arte. Pero insertada en la parte su-
perior del aparato, justo en medio de su tapa inclinada, había
una pieza de metal que parecía algodón metálico. Era sencillamente fea, un auténtico adefesio. El problema es que el
adefesio impedía que el aparato pareciera un avanzado producto de la era espacial.

La solución fue simplemente titular el anuncio: «El adefesio milagroso» y llamar la atención sobre la pieza de «algodón» metálico, pues era la clave de todo el proceso, ya que se
trataba del emisor de iones y desempeñaba un papel crítico
en el funcionamiento del aparato. La percepción del horrible
adefesio se transformó de inmediato en la mente del consumidor, pasando de ser un feo pedazo de acero a un milagro
de la técnica y de la ciencia. El anuncio circuló durante años
y fue uno de los más populares.

Siempre que me enfrento con algo que pueda ser considerado un problema, se dispara una reacción en mi mente
que dice: «¿Dónde está la oportunidad?».

Te aconsejo que ante un caso así tomes una hoja de papel y relaciones en un lado las objeciones que tu futuro cliente pudiera tener acerca de tu producto. Después, en el otro
lado, escribe las formas en que puedes solucionar esas objeciones y convertirlas en oportunidades. Pero ten cuidado.
Aquí es donde el sentido común entra en juego. Si resaltas

una objeción que en la mente del cliente en realidad no lo es tanto, estás izando una bandera roja que no necesita ser izada, ya no digamos ser solucionada. Las objeciones deben ser aspectos importantes que tu cliente resaltaría. Puede ser acerca de la competencia, los precios, la entrega, etc. Cualquiera que sea la objeción, remárcala en primer lugar y después soluciónala de un modo creativo.

Si tu futuro cliente resalta una objeción que tú no esperabas del todo o que ni siquiera pensabas que pudiera ser un problema, tienes la oportunidad de solucionarla en el momento. Después, la próxima vez que vendas el mismo producto a un nuevo cliente, dispondrás de una solución lista para esa objeción, si llegase a ser mencionada de nuevo. Ya no será una conmoción. En mis anuncios por correo, tengo que anticipar todas las objeciones que puedan hacer mis futuros clientes; de lo contrario no vendería. Sin embargo, en la venta personal tienes la tremenda ventaja de saber exactamente cuál es la objeción, si el cliente te habla de ella.

¿Y qué sucede cuando algo inesperadamente malo ocurre durante una presentación de ventas? En la mente del cliente asume el papel de una objeción de inmediato. Y tendrás que solucionarla de forma creativa.

Un buen ejemplo de esto me ocurrió en agosto de 1998, mientras estaba en la QVC en Londres vendiendo gafas contra el sol marca *BluBlocker*. Mi anfitrión del programa, Rob, decidió mostrar lo fuertes que eran. Usualmente, tiraba las gafas al suelo, las pisaba con su enorme pie y a las *BluBlocker* no les pasaba nada; el público comprobaba así lo duraderas y fuertes que realmente eran.

Pero ese día ocurrió algo totalmente inesperado. Rob tiró las *BluBlocker* al suelo, las pisó con el pie y se rompieron justo por la bisagra. En aquel momento, mientras las gafas rotas yacían en el suelo, una enorme objeción surgió en las mentes de los consumidores. Pero, como recordarás, anteriormente dije que cada problema trae una oportunidad, y esa oportunidad es a menudo mucho más grande que el propio problema. Esto es lo que sucedió.

Rob se quedó literalmente sin habla, yo me reí y dije:

—Rob, me alegro mucho de que hayas roto esas gafas, realmente me alegro. Mucha gente que nos está viendo podría creer que las de las demostraciones que hacemos aquí en la QVC están amañadas y que no son realmente así. Lo ocurrido les demuestra a todos que esto es en verdad televisión en vivo y que estas demostraciones no están amañadas en absoluto. Pero lo más importante: noten por dónde se rompieron las gafas. Justo por la bisagra, por el lugar que, ya los he avisado varias veces, es el eslabón más débil de toda la estructura.

Después recogí los dos trozos de las *BluBlocker* y añadí:

—¿Ven ustedes la zona de la bisagra rota y ven cómo está reforzada? Sin embargo, a pesar de que esa zona de la bisagra está reforzada, las gafas se han roto, pero esta es la única parte por la que las *BluBlocker* se pueden romper y si así sucediera durante el periodo de garantía de un año, simplemente mándelas a la compañía *BluBlocker* y les enviaremos un par de repuesto. Incluso si la rotura se ha producido por su culpa.

Utilicé el dramatismo del momento para solucionar varias objeciones que estaban en la mente de los consumidores y quizá otras que aparecieron como resultado de la presentación que resultó mal. Las solucioné sin demora y rápidamente, dejando sentado el hecho de que somos humanos, que en realmente estábamos en televisión en vivo y que respaldábamos nuestro producto sin importar lo que le ocurriese. Incluso tuvimos la oportunidad de mostrar con todo detalle el gran esfuerzo realizado a la hora de reforzar la zona de la bisagra.

La demostración de las gafas rotas fue el tema del día en la QVC, pero la mayoría de los comentarios fueron acerca de cómo salí del brete en una forma positiva.

Cuando en una presentación te ocurra lo peor y algo salga mal, recuerda este relato. No olvides que lo que haya salido mal tan solo ha venido a resaltar una objeción y que este es el momento de solucionarla creativamente. Si lo haces, el futuro cliente te tendrá mucho más respeto que el que te habría tenido de no ocurrir el episodio, como me sucedió a mí en la QVC. De hecho, a partir de entonces las ventas de aquellas gafas en particular fueron mucho mayores de lo normal, lo cual parece que tuvo una relación directa con la presentación que no salió como habíamos planeado.

Solucionar una objeción hace más que crear confianza, inspirar respeto y dejar clara tu integridad. Elimina un conflicto en la mente del consumidor, que debe ser anulado a fin de consumar la venta.

Resorte psicológico 5:

SOLUCIONAR LAS OBJECIONES

Capítulo 6

El secreto del vendedor de televisores

ste relato me lo contó un veterano vendedor que trabajaba en una tienda de televisores y aparatos electrónicos. Era el vendedor con más éxito que esa tienda hubiera tenido jamás y sus cifras de ventas eran siempre superiores a las de sus compañeros. Tenía muy buenas técnicas de venta, pero no era eso lo que me impresionó de él, sino la forma en que decidía, por adelantado, cuáles podrían ser sus mejores clientes.

Se quedaba en los pasillos observando a los clientes que entraban en la tienda. Si se dirigían hacia un aparato de televisión y empezaban a girar los mandos, sabía que tenía un 50% de oportunidades de venderles uno. Si no tocaban los mandos, tenía un 10% de oportunidades de vender (esto, por supuesto, era antes de la llegada del mando a distancia).

En la publicidad de respuesta directa, no tienes la oportunidad de sentarte ante los buzones de tus futuros clientes o en sus salas de estar para observarlos leyendo tu presentación de ventas. No estás allí para ver cómo manipulan los mandos, pero puedes hacer que lo hagan dándoles la sensación de que se involucran con el producto, puedes crear en ellos un sentimiento de propiedad sobre el producto que estás vendiendo.

En todos mis anuncios, hago que los futuros clientes imaginen que están sosteniendo o usando el producto. Por ejemplo, en uno de mis primeros anuncios de calculadoras decía: «Sostenga la Litronix 2000 en su mano, vea con qué facilidad responden las teclas al tacto. Compruebe qué pequeña y ligera es». Es decir, a través de la imaginación, intentaba crear la experiencia de manipular los mandos. Hacía que el lector sintiese que estaba sosteniendo la calculadora y que experimentase las sensaciones que le describía. Esta energía mental crea una imagen en la mente del futuro cliente, la cual es como un vacío, en espera de ser llenado.

En la venta personal, tienen también aplicación muchos de estos principios. Puedes hacer que los compradores potenciales se paseen por la senda contigo, que huelan una fragancia o que experimenten algunas emociones al involucrarlos con tu producto o servicio.

Si tuviera que escribir un anuncio para los coches deportivos Corvette, podría decir: «Paséese en el nuevo Corvette. Sienta la brisa en su cabello al conducirlo en una cálida tarde. Observe cómo se giran las cabezas para verlo. Pise el acelerador hasta el fondo y sienta la explosión de poder que se transmite en el respaldo de su asiento anatómico. Observe el hermoso despliegue de tecnología electrónica que hay en su tablero. Sienta todo el poder y la emoción del superdeportivo de América». Si estuviera vendiéndolo en persona, haría que el futuro comprador se involucrara. Lo dejaría patear las llantas, cerrar de golpe las puertas, todo sirve. Cuanto más involucrado esté, más cerca te hallarás de lograr la venta.

En la comercialización directa, se utilizan los llamados *dispositivos de involucramiento,* a fin de implicar al consumidor en el proceso de compra. A veces pueden parecer tontos. ¿Alguna vez has recibido esas solicitudes que dicen: «Coloque el disco «sí» en el espacio «sí» y le mandaremos una suscripción de prueba de nuestra nueva revista»? A menudo me pregunto quién inventó este concepto tan sencillo y aparentemente pueril. Sin embargo, como te dirán los comercializadores directos, este tipo de dispositivo de involucramiento usualmente duplica o incluso triplica las tasas de respuesta. En realidad no es nada pueril, sino una técnica muy efectiva. Con ella el lector se involucra en la solicitud: al realizar cierta acción asume un compromiso implícito.

Mi propia hija, Jill, cuando tenía cuatro años de edad, demostró claramente cómo puede uno llegar a involucrarse en el mensaje de ventas. Había en la televisión un programa especial de Charlie Brown por el día del amor y la amistad (San Valentín) y Jill estaba sentada viendo el espectáculo con April, su hermana de siete años. Mi esposa, que también estaba viendo el programa, me contó este fascinante suceso.

Charlie Brown estaba repasando las tarjetas de San Valentín en un aula y leía los nombres de los destinatarios:

—Sarah, Mary, Sally, Jill... ¿Dónde está Jill? —dijo.

Mi hija inmediatamente alzó la mano y respondió:

—Aquí.

Se hallaba tan involucrada en el espectáculo que pensó que era parte de él.

Yo utilizo dispositivos de involucramiento muy a menudo, pues pueden ser muy efectivos. Permíteme darte el ejemplo de un anuncio cuyos resultados me sorprendieron enormemente.

El producto que estaba ofreciendo era la computadora de deletreo Franklin, un aparato de ayuda ortográfica. Cuando apareció por primera vez, era algo muy original y se vendió muy bien. Aunque yo no era el primero en venderla, estaba ofreciendo un modelo un poco más sofisticado que la primera versión.

Examiné el producto y me pareció que el precio estaba demasiado alto. Pero el fabricante se habría sentido muy molesto conmigo si hubiese bajado el precio. Así que probé con un dispositivo de involucramiento para bajar el precio.

Primero, redacté un anuncio que describía el producto, pero con una premisa inusual. El texto del anuncio contenía varias palabras mal deletreadas. Si el lector encontraba las palabras mal escritas, las señalaba y me enviaba el anuncio corregido, obtendría dos dólares de descuento en el precio del aparato por cada palabra errónea encontrada. La idea era sencilla. Si no encontrabas todas las palabras mal escritas, pagarías más, pero evidentemente la computadora valía más para ti que para alguien que hallaba todos los errores.

Publiqué el primer anuncio en *The Wall Street Journal*, y los pedidos llegaron a raudales. También recibí llamadas telefónicas de gente de quien no había sabido nada en años:

—Joe, quiero que sepas que he estado hora y media tratando de encontrar todas las palabras y ni siquiera voy a comprar tu maldita computadora. Nunca he leído *The Wall Street Journal* durante tanto tiempo.

La respuesta fue una gran sorpresa. Yo pensé que los lectores encontrarían todas las palabras mal escritas. De hecho, incluso la expresión *mal deletreada* estaba mal deletreada. Cuando la respuesta fue finalmente cuantificada, para mi asombro, vimos que la gente solo captó, en promedio, la mitad de las palabras, así que gané mucho más dinero de lo que esperaba con el anuncio. Y, por supuesto, aquellos que realmente necesitaban el aparato pagaron por él un precio justo.

La redacción publicitaria que involucra al lector puede ser muy efectiva, especialmente si el dispositivo de involucramiento es parte de la publicidad. Y siempre que estés vendiendo en persona, mantén en mente este importantísimo concepto: involucra al cliente en el proceso de la venta. Si estás vendiendo un coche, permítele que dé un paseo de prueba. Esto es algo decisivo, ya que entonces se creará en él una obligación sutil. A un nivel subconsciente se sentirá comprometido.

Supongamos que tu producto sea algo industrial, por ejemplo un escáner para un hospital, algo que no puedas fácilmente llevar de un sitio para otro. ¿Cómo involucras al cliente? No puedes llevar la máquina a su oficina, pero sí puedes llevar contigo una pieza de ella. Mientras hablas con él, dale la pieza para que la sostenga. Lo creas o no, este sencillo acto consigue que la persona se implique en el proceso de venta. Es un dispositivo de involucramiento muy efectivo. Haz que el futuro cliente te ayude a abrir la caja donde está la pieza. Haz que participe activamente en lo que estás haciendo. Toda esta actividad lo involucra y, en una forma muy sutil, lo compromete. El sentimiento de propiedad es un concepto que está muy cerca del sentimiento de involucramiento. Al hacer que se involucre, estás logrando que sienta que ya posee el producto.

Un ejemplo en la publicidad escrita podría ser: «Cuando reciba su aparato de ejercicios, trabaje con él, ajuste las pesas, vea lo fácil que es guardarlo debajo de la cama...». En pocas palabras, estás haciendo que sientan que ya han comprado el producto. Y lo mismo se aplica a la venta en persona. Dejando caer sugerencias de cómo el cliente podría usar el producto en su propia casa, en su oficina o en su fábrica, estás creando una imagen real, un sentimiento de propiedad, y por lo tanto estás desarrollando un compromiso más profundo.

Si estuviera vendiendo una piscina portátil, podría decir: «Véase en la piscina en su patio trasero en un día muy caluroso, con sus niños. ¿Qué clase de juguetes habría en la piscina?». En este anuncio tu futuro cliente está usando su imaginación para ver la piscina en su patio, con los niños retozando con sus juguetes en ella.

El involucramiento y el sentido de propiedad no son nada nuevo en el negocio de las ventas, son algo bien conocido. Lo que podría no ser tan conocido es su grado de efectividad para incrementar sustancialmente las ventas, y esto la publicidad de respuesta directa lo ha comprobado. Un buen dispositivo de involucramiento en la publicidad de respuesta directa duplica y a veces incluso triplica la respuesta del público. Utilízalos en tus presentaciones.

Resorte psicológico 6:

INVOLUCRAMIENTO Y SENTIDO DE LA PROPIEDAD

Capítulo 7

EL DINERO O LA VIDA

Sé lo que dice el diccionario acerca de la palabra *integridad*: «La cualidad o el estado de poseer principios sólidos, honestidad y sinceridad». Pero me gustaría definir sencillamente la integridad como «hacer lo que uno dice». Con esta definición, cualquiera puede ser íntegro mientras cumpla lo que dice. Un criminal puede tener integridad. No es necesario ser honesto o sincero.

Tuve una amiga que era doctora y empresaria al mismo tiempo, aunque no era muy buena para los negocios. En sus tratos se las arreglaba para cometer gran cantidad de errores, por lo que constantemente estaba tratando con abogados, que también se aprovechaban de ella.

Un día le robaron. Un hombre se acercó a su coche cuando estaba a punto de arrancar, le puso una pistola en la cabeza y le dijo:

—El dinero o la vida.

La decisión para ella fue sencilla. Le dio su dinero.

Después, al contarme lo que había sucedido, me dijo que sintió que el ladrón tuvo una integridad total:

—Él dijo lo que quería. Se lo dí, y después pude irme. Ojalá pudiera decir lo mismo de mis propios abogados.

Cualquier cosa que digas, debes cumplirla. Si dices que vas a hacer algo, hazlo. Si haces una promesa, cúmplela. Si accedes a proporcionar servicio de calidad, entrega servicio de calidad. En resumen, cumple tu palabra.

Mi querido amigo el doctor Gerald Jampolski, autor del libro *Amar es liberarse del miedo*, tiene su propia definición de integridad: «Eres íntegro cuando todos tus pensamientos, tus palabras y tus actos están alineados».

En el proceso de la venta basado en lo que dices, tu cliente percibirá rápidamente tu nivel de integridad. Esto en ocasiones puede ser muy sutil. Si dices algo que no es coherente con el resto de tu presentación, haces una exageración que no puedes probar o mencionas algo que esté fuera de contexto, será percibido muy fácilmente por él.

Tu cliente tiene que confiar en ti y le debes agradar. Una de las formas más seguras de destruir su confianza, su fe y su respeto es no hacer lo que dices.

La integridad puede también reflejarse por la situación de tu salón de exposiciones. Si tu publicidad tiene una imagen limpia pero tu oficina de ventas está descuidada y desordenada, no estás mostrando lo que yo llamo «integridad». Si estás vendiendo un producto de gran lujo pero vistes *jeans*, no estás mostrando integridad. Sin embargo, si estás vendiendo mercancía de descuento en una tienda, los *jeans* podrían ser aceptables.

Paso mucho tiempo en Maui (Hawái), donde tengo muchos amigos. Maui parece ser un centro de conciencia espiritual y mucha gente que vive allí tiene un profundo conocimiento de los principios espirituales. No obstante, he observado que hay un grupo de residentes que hablan mucho acerca de lo espirituales que son, pero raramente siguen los verdaderos principios espirituales.

Por ejemplo, uno de los principios básicos es no emitir juicios acerca de los demás, sino aceptar a todos por lo que son. Sin embargo, quienes más hablan de espiritualidad parecen ser los que con más frecuencia crean estereotipos y hablan a espaldas de sus amigos, es decir, su vida no es coherente con sus palabras.

Parece que los que más proclaman sus principios espirituales son los más flagrantes violadores de esos mismos principios. Mis amigos verdaderamente espirituales hablan poco de eso, pero son fieles a sus principios.

En tu presentación de ventas, independientemente de cuánto hables, si tus acciones no siguen a tus palabras y no están alineadas con ellas, no estarás teniendo integridad.

Pero, cuidado, nadie es perfecto. El asunto es: ¿cómo haces para mejorar tu integridad a fin de tener más oportunidades de éxito en la venta? Probablemente el mejor método sea a través de la consciencia. Sencillamente ser consciente de que debe haber congruencia entre lo que piensas, lo que dices y lo que haces.

Puedes empezar con un pequeño aspecto de tu integridad que esté desalineado y trabajar para corregirlo. Por ejemplo, comienza por entregar exactamente lo que prometiste, actuando de forma coherente con lo que representas, es decir, alineando tus pensamientos, tus palabras y tus hechos.

La integridad de la persona que envía un mensaje es siempre asombrosamente clara para el receptor de dicho mensaje. Muestra integridad, y tu éxito en las ventas mejorará de un modo espectacular.

Resorte psicológico 7:

LA INTEGRIDAD

Capítulo 8

CONTANDO CUENTOS EN HAWÁI

En Hawái hay una expresión que he oído mucho de mis amigos de allí. Cuando tienen que hablar contigo, ya sea para algún asunto serio o solo por el gusto de charlar, dicen: «Joe, tenemos que contar cuentos».

La gente adora los cuentos, y una de las formas realmente buenas de relacionarte con tus futuros clientes es contarles uno. Si una imagen vale más que mil palabras, el valor de un relato puede ser incalculable y a menudo crea una relación emocional que mantiene a tu futuro cliente escuchando fascinado. Los cuentos rebosan interés humano. En la niñez, los que nos leyeron nuestros padres fueron la forma en que fantaseábamos o incluso la forma en que veíamos el mundo. En resumen, desde que éramos muy jóvenes los cuentos nos han marcado.

El orador que empieza su discurso con un cuento o utiliza alguno durante su presentación hace que sus palabras sean interesantes y usualmente mantiene el interés del auditorio.

De hecho, cuando ante un orador aburrido, empiezo a dormitar, despierto automáticamente si sé que se va a contar un cuento.

Los cuentos nos enseñan lecciones, nos hacen compartir experiencias y su final nos puede emocionar o sorprender. Y así ocurre también en la venta. Si en tus presentaciones de ventas cuentas una historia que sea relevante tanto para vender tu producto como para crear el ambiente adecuado o hacer que el futuro cliente se involucre en tu presentación, estarás usando este maravilloso y potente resorte psicológico en una forma muy efectiva.

Además, algunos cuentos añaden un elemento humano único que te permitirá relacionarte y vincularte muy íntimamente con tus clientes.

Kathy Levine, una de las mejores anfitrionas de programas de venta por televisión, indica en su libro *Es mejor reír*: «Pronto me di cuenta de que la clave de la venta es captar la atención de la gente y mantenerla con una buena historia».

Los vendedores más interesantes que conozco siempre tienen un cuento que contar. Es su manera de relacionarse con sus clientes y, además, de entretenerlos. Conozco a uno que tiene un repertorio de más de mil chistes, todos ellos apropiados para motivar al cliente, generar el ambiente adecuado y favorecer la venta. Como podrás imaginar, es un vendedor muy efectivo.

Mis campañas publicitarias de más éxito incluían algún tipo de relato como base de la presentación. Permíteme mostrarte un ejemplo de esta técnica, extraído de uno de mis anuncios. Los siguientes párrafos, procedentes de un anuncio que redacté para las gafas de sol *BluBlocker*, te darán una idea de cómo un pequeño cuento hace que el posible cliente lea todo tu mensaje.

Título: Una visión maravillosa.

Subtítulo: Cuando me puse las gafas, no podía creer lo que veía. Ni tampoco usted lo creerá.

Autor: Joe Sugarman.

Texto: Voy a contarle un hecho real. Si me cree, obtendrá una recompensa. Si no me cree, haré que valga la pena que cambie de opinión. Permítame explicarle.

Len es un amigo mío que conoce muy buenos productos. Un día me llamó y me habló emocionado acerca de unas gafas que poseía: «Son tan increíbles... —dijo—. Cuando veas por primera vez a través de estas gafas, no lo creerás».

«¿Qué veré? —le pregunté—. ¿Qué puede ser tan increíble?». Len siguió: «Cuando te pones estas gafas, tu visión mejora automáticamente. Los objetos se ven más nítidos, más definidos. El efecto de tres dimensiones se incrementa. Y no es mi imaginación, solo quiero que lo veas por ti mismo».

El relato continúa como si yo personalmente mirara a través de las gafas y Len me hablara más sobre ellas. Utiliza un tono de conversación, pero aún así cubre todos los puntos importantes acerca del producto, del peligro del sol y del efecto dañino de la luz azul. Un relato es siempre muy efectivo para provocar la curiosidad del lector y hace que este lea todo el anuncio, hasta llegar al párrafo final.

Ese anuncio para las *BluBlocker* marcó el inicio de una compañía multimillonaria, que finalmente vendió veinte millones de gafas.

Piensa en utilizar algunos cuentos que puedan ser de interés para el cliente y que apoyen la venta de tu producto. Pueden ser acerca de otras personas del ramo, sobre un nuevo invento o de cómo lo descubriste, o no necesariamente acerca de ti, sino de temas que podrían ser de interés para tus futuros clientes. Si puedes contar un buen chiste, también será de ayuda. Pero asegúrate antes de que tienes gracia para contar chistes, y en segundo lugar, de que el chiste está alineado con tu futuro cliente, que no esté demasiado fuera de tono y, si es posible, que tenga relación con la venta.

En el proceso de contar cuentos la elección del momento es también importante. Es agradable empezar con uno, porque mantiene la atención y pone al cliente de humor para escuchar. Puedes utilizar relatos o chistes durante una presentación para añadirle variedad y ritmo. Contar cuentos es un arte y su efectividad en una presentación de ventas crecerá con la experiencia. Simplemente ser consciente de su potencial y de su efectividad es ya un buen inicio. Te sorprenderá ver la cantidad de cuentos que eres capaz de recordar una vez que te pongas a ello.

Un buen cuento captará la atención de la persona, apoyará la venta de tu producto o de tu servicio y te ayudará a vincularte con el cliente. Y al final, todos por siempre felices.

Resorte psicológico 8:

CONTAR CUENTOS

Capítulo 9

CÓMO IMPUSE MI AUTORIDAD
EN EL CUARTO DE BAÑO

Siempre hay algo que puedas decir acerca de tu compañía a fin de dejar establecida tu autoridad, tu tamaño, tu posición o tu intención. Al cliente le gusta hacer negocios con expertos. Por eso la tendencia actual del consumidor mejor informado es alejarse de las tiendas de departamentos que venden mercancía en general y orientarse más bien hacia almacenes de una categoría específica, que vendan una línea de productos solamente. Estos almacenes tienen más pericia, aparentan tener más conocimientos y han establecido su autoridad en una categoría concreta de productos.

Por ejemplo, durante años llamé a mi compañía JS&A, «El mayor proveedor individual de productos de la era espacial». Lo que realmente estaba haciendo era establecer la autoridad de JS&A como un proveedor importante de artículos modernos. Las palabras *proveedor individual* significaban que enviábamos nuestros productos desde una sola ubicación. Puede que no hayamos vendido más objetos de la era espacial que Sears o Radio Shack, pero la mayoría de ellos salían de un solo lugar y estábamos especializados en ese tipo de productos.

Imponer tu autoridad es algo que debe hacerse en cada presentación, independientemente de lo grande o pequeño que seas. Por ejemplo: «El mayor proveedor de productos especializados para la industria de limpieza de chimeneas» (un participante de uno de mis seminarios estaba realmente en el negocio de la limpieza de chimeneas). O incluso si eres el más pequeño, siempre podrás decir: «Somos el grupo de personas con más experiencia en todo el ramo de la publicidad». Si examinas detenidamente a tu compañía, sin duda encontrarás *algo* que puedas decir que establezca tu autoridad y tu pericia en lo que estás haciendo.

Luego, una vez que tu autoridad haya quedado establecida, te verás tentado a dejar de usar la frase que utilizaste para ello. Cuando ya habíamos empleado nuestra frase durante casi seis años, me pregunté si realmente la necesitábamos. Pero siempre había una lectora que captaba el anuncio por primera vez y necesitaba asegurarse de que estaba tratando con una empresa reconocida en el campo en el que ella contemplaba hacer una compra. Esa frase le daba confianza.

Algunas veces es fácil establecer la autoridad tan solo en virtud del nombre. Corporación Simbólica Americana era una compañía que fundé y que sonaba como si fuera algo muy grande. Sin embargo, Videoclub de David & Tony no suena muy grande, que digamos. Almacenes de Descuento en Informática te da una muy buena idea de su autoridad. El nombre tiene prestancia, y además te dice a qué se dedica la compañía: suministro de productos informáticos a precio de descuento.

La gente reconoce a cualquier autoridad experta. Digamos que quieres comprar un ordenador; podrías consultarle primero a ese vecino que es el genio del barrio en cuanto a ordenadores. Llamémosle Danny. Él ha establecido su autoridad y te sientes muy tranquilo yendo a ver a Danny para que te aconseje. Te dirá lo que piensa que debes comprar y a quién. Tal vez incluso te recomiende algún punto de venta que se haya establecido con algún nivel de autoridad. Puede ser la compañía más corriente o puede ser la que proporcione el mejor servicio. De cualquier forma, buscarás el tipo de compañía o de producto que tu autoridad, que es Danny, te ha recomendado.

Una vez, estaba yo a punto de entrar en una tienda de Las Vegas, cuando una joven se acercó a mí y me preguntó:

—Por favor, ¿podría ayudarme?

En un principio me sorprendí y, de hecho, mi primer pensamiento fue que le había ocurrido alguna emergencia, por lo que le respondí:

—Claro, ¿cuál es el problema?

Casi con lágrimas en los ojos, me dijo:

—Estoy a punto de comprar un ordenador y he escogido el que más me gusta, pero necesito que alguien me diga si he elegido correctamente. Si usted entiende de ordenadores, ¿podría venir conmigo y darme su opinión?

Accedí. Ella quería que yo asumiera el papel de Danny en el ejemplo citado, así que entré en la tienda con ella. La chica me explicó que estaba estudiando en la Universidad de Nevada, en Las Vegas, y que ese era su primer ordenador. Necesitaba que alguien que conociera de ordenadores le dijera que la suya era una compra buena y sensata. Miré el aparato y, como tenía bastante conocimiento de los ordenadores de mi empresa, le dije que había hecho una elección sensata y que no era mala compra. Destaqué algunas de las características técnicas que le ayudarían en sus trabajos escolares, y aunque ella no tenía la menor idea de lo que le contaba, sintió que estaba haciendo la elección correcta, porque yo se lo decía.

Aliviada, me dio las gracias y lo compró. Cuando ya me iba, me dijo:

—He trabajado mucho para ganar este dinero y no quiero cometer ahora un error estúpido.

Antes de comprar un ordenador, es bueno consultar a alguien como Danny, que sea casi un experto en ese tema, a fin de pedirle su opinión. Todos queremos sentir confianza acerca de la compra que estamos haciendo, saber que estamos gastando nuestro dinero inteligentemente. Y lo mismo ocurre cuando adquirimos algo de valor. Queremos una garantía. Si pudiéramos confiar en el personal de ventas, sabiendo que son expertos, no necesitaríamos la opinión de un experto externo como Danny, o como yo, en el caso de la joven estudiante. Por lo tanto, es extremadamente importante que te conviertas en una autoridad en lo que estés vendiendo.

Un incidente que muestra el poder de la autoridad me sucedió en el ejército. Estaba en la Escuela de Inteligencia Holibird, en Baltimore (Maryland), donde me estaba entrenando como agente. Dormía en un gran pabellón, sobre una litera típica militar y la comida no era demasiado buena. Pero lo que realmente me tenía hasta el límite era el baño.

Se trataba de un gran baño con varios cubículos de duchas, en cuya parte frontal había varios lavabos con espejos donde nos afeitábamos por la mañana. Al final del baño había una gran ventana y un gigantesco ventilador que extraía todo el vapor de las duchas para que los espejos no se empañaran. El problema era que el ventilador creaba una corriente fría que resultaba muy incómoda mientras te duchabas. Pero si ibas hacia el ventilador y lo apagabas, alguien que estaba afeitándose lo encendía de nuevo rápidamente, porque de otra manera los espejos se empañaban.

Decidí hacer algo al respecto. En mi tiempo libre conseguí algunos tableros y plantillas y preparé un letrero que parecía como algo oficial, que decía:

Atención: Cualquiera que toque el interruptor del ventilador –para apagarlo o para encenderlo– será sujeto a corte marcial por violar la norma 141, apartado 207.

Y una tranquila tarde, cuando no había nadie por allí, coloqué el letrero de color amarillo brillante con letras negras cerca del ventilador.

La siguiente mañana fue fría. Entré en el gran baño y fui directamente al ventilador, oprimí el interruptor y lo apagué.

Los que me vieron se quedaron atónitos, como si hubiera violado una regla militar muy seria. Pero ni siquiera quienes estaban afeitándose fueron al ventilador para conectarlo, pues sabían que violarían la norma 141, apartado 207, y podrían ser expulsados del programa. Era demasiado riesgo, incluso si el loco de Sugarman se había atrevido a hacerlo.

Me di una agradable ducha sin la fría brisa a la que casi me había acostumbrado. El ambiente era tibio y confortable. Finalmente, me sequé, fui tranquilamente hacia el ventilador, pasé por delante de todos los espejos empañados y lo conecté de nuevo. En menos de un minuto, los espejos estaban claros de nuevo y mis compañeros se sintieron aliviados. Me afeité y después fui hacia mi casillero y me vestí. Había usado la autoridad de lo militar para lograr una meta, y funcionó.

La autoridad del gobierno o de algún organismo oficial puede también ser usada en el proceso de ventas. Por ejemplo, cuando nos referíamos a mis gafas mientras las vendíamos por televisión, mencionábamos siempre que las *Blu-Blocker* habían sido autorizadas por la Administración de Alimentos y Medicamentos de Estados Unidos, como de hecho todas las gafas lo son. Pero esto le da al futuro comprador un cierto grado de confianza. Los estudios doble ciego independientes son un tipo de autoridad en la que se puede tener confianza legítimamente.

La autoridad puede también expresarse por el título, —un médico tiene más autoridad que un quiropráctico; quien posea un doctorado tiene más autoridad que alguien sin él— o por la edad o la experiencia —un ejecutivo de sesenta años tendría bastante más que uno de veinticuatro años, si la experiencia fuera un factor de decisión importante; un hombre de negocios de éxito tiene más que un hombre de negocios mediocre.

El conocimiento es una forma clara de autoridad. Cuanto más conoces tu producto y tu ramo, más efectivo serás ante un futuro cliente difícil. Incluso los vendedores más jóvenes pueden ser tomados muy en serio, si poseen un conocimiento notable que pueda ser de beneficio para el futuro cliente.

La autoridad puede también ser expresada por la ropa. Los militares y la policía usan insignias y cintas para mostrar la autoridad de la persona. Cuanto más alto sea el rango, más alta es la autoridad.

En el ejército me salí con la mía gracias al mencionado letrero durante casi un mes, pero finalmente fui llamado a la oficina general de mando, donde me interrogaron acerca de por qué era yo el único que violaba la norma 141, apartado 207, del reglamento militar. Afortunadamente, tenían buen sentido del humor y todos nos reímos con ganas.

La gente adora la autoridad. Si la usas bien en el proceso de ventas, le darás confianza al cliente a la hora de tomar una decisión, pues sentirá que está haciendo lo correcto.

Resorte psicológico 9:

AUTORIDAD

Capítulo 10

EL PRESIDENTE CONDUCE UN ESCARABAJO

Incluso si eres multimillonario, querrás saber que no se están aprovechando de ti, y aún más importante, que estás obteniendo el rendimiento adecuado por tu inversión. En mi publicidad, siempre quiero transmitir, con ejemplos o por comparación, que lo que me compra el cliente es algo que vale la pena. Un elemento típico en mis anuncios es comparar mis precios con los de productos de características similares, a fin de resaltar que la relación calidad-precio es mejor en los míos. Al comparar tu producto con otros y comprobar su valor, le estás proporcionando al futuro cliente la lógica con la que podrá justificar su compra.

Una de las técnicas que utilicé mucho cuando estaba compitiendo contra productos de marcas muy conocidas fue mostrar el valor del mío con comparaciones específicas. Lo siguiente es parte de un anuncio para la calculadora Data-King 800, que costaba 59,95 dólares:

La calculadora más prestigiosa en la actualidad es la Texas Instruments. T. I. ha anunciado recientemente el lanzamiento de su nueva unidad de memoria 2550 a un precio de 99,95 dólares. Pues bien, esa calculadora se ha quedado ya obsoleta al aparecer la 800. La T. I. 2550 usa baterías recargables, tiene una pantalla pequeña y sigue utilizando el viejo sistema de memoria en cadena. Compare precio, características, funcionamiento y fiabilidad, y verá fácilmente por qué la DataKing es la mejor calculadora con memoria que existe en el mercado.

Algunas veces he destacado un ahorro en costos y he justificado el valor del producto con un enfoque en broma. El siguiente es un anuncio que redacté para la micrograbadora Olympus:

Título: Guerra de recomendaciones.

Subtítulo: Un personaje famoso del golf recomienda la Lanier. Nuestro aparato, sin embargo, es recomendado por nuestro presidente. Como resultado, usted se ahorrará 100 dólares.

Texto: Juzgue por usted mismo. Nuestra micrograbadora, mostrada arriba, se vende en 150 dólares. Su más cercana competidora es una grabadora que cuesta 250 llamada Lanier, que está recomendada por una famosa estrella del golf.

Ese famoso personaje del golf es también piloto, y pilota su propio reactor Citation. La grabadora Olympus está recomendada por el presidente de JS&A, que pilota una avioneta mucho más sencilla, una Beechcraft Bonanza. El famoso personaje del golf no recomienda la grabadora de Lanier gratis, pues una buena porción de sus ingresos proviene de sus respaldos publicitarios.

Nuestro presidente, sin embargo, no recibe pago alguno por recomendar productos, solo por venderlos. Y su Bonanza no es tan cara como el Citation de la estrella de golf. De hecho, nuestro presidente también conduce un escarabajo (coche compacto de la Volkswagen).

Después continuaba demostrando con qué poca eficiencia se vendía la Lanier (a través de una organización de venta directa) y qué eficientemente se comercializaba la Olympus (a través de mi compañía JS&A). La conclusión: el cliente se ahorra 100 dólares llevándose un producto mejor, y todo porque no está respaldado por un portavoz caro ni vendido por una organización de venta directa.

Educar al lector acerca del valor intrínseco de tu producto es equivalente a bajar su precio. Es decir, hay un valor asociado con la educación que le estás proporcionando a tu cliente. Esto es tan aplicable en la venta personal como para los anuncios para venta por correo.

En la mente del consumidor siempre estará esta pregunta: «¿Estoy comprando este producto al mejor precio posible?». Una vez más, debes primero resaltar la cuestión y después solucionarla con comparaciones o con información acerca de las cualidades del producto; de otro modo no te estarás comunicando de una manera efectiva con tu futuro cliente.

Si estuviera vendiendo mi casa, destacaría las características de calidad extras que le he añadido: el drenaje especial en el cuarto de baño, las tomas de corriente adicionales que he instalado, etc. En pocas palabras, mostraría el valor de todo el trabajo realizado en la casa que no es visible para un observador casual. Educaría a mi cliente.

Independientemente de lo que estuviera vendiendo, expondría pruebas de que estoy proporcionando un valor real, mayor que el de cualquier producto similar de la competencia.

En relación con el valor, hay un aspecto más que es muy importante. Cuando vendo por escrito, he notado que al ofrecer dos versiones de un producto, es mejor presentar primero el modelo menos caro. Por ejemplo, si estuviera vendiendo un aparato para medir la presión sanguínea, propondría primero la versión de 99,95 dólares como el producto principal. Después ofrecería el aparato de lujo de 149,95 dólares, como una posible alternativa.

El cliente, a menudo, dependiendo de la naturaleza del producto, se vería atraído por el de menor precio pero después compraría la versión de lujo. No obstante, cuando a veces les he preguntado a mis clientes que compraron la unidad más cara qué fue lo que adquirieron, con frecuencia me dicen que la unidad de presión sanguínea de 99,95 dólares, no la versión de lujo. De algún modo, parece que la cifra del precio menor se queda impresa en sus mentes, aunque en realidad hayan comprado la versión más cara.

En su deseo de obtener el máximo valor y el precio más bajo posible, el cliente llega a ignorar totalmente la realidad, a fin de satisfacer las necesidades de su ego, es decir, de obtener el mejor valor posible al mejor precio. En la venta por escrito el menor precio atrae inicialmente su interés; luego, una vez que se involucra en la lectura del anuncio, se le puede vender el modelo más caro.

En el escenario de la venta personal o al detalle, el enfoque es un poco diferente. En la publicidad yo ofrecería solo el producto de más bajo precio, a fin de atraer compradores potenciales. Después, una vez que el comprador esté en la tienda, le hablaría primero del producto más caro, para que cuando finalmente vea el modelo de más bajo precio, lo considere como una mejor compra.

Por ejemplo, si estuviera ofreciendo dos versiones de la unidad de presión sanguínea, mostraría primero el modelo más caro, de 149,95 dólares. A continuación, cuando le presente el modelo más económico de 99,95 dólares, le parecerá considerablemente más barato que si se lo hubiera mostrado en primer lugar. En pocas palabras, puedes hacer que un producto de 99,95 dólares, que era percibido como caro, parezca una verdadera ganga.

Esta técnica es usada a menudo en la venta personal. Recientemente he tenido la oportunidad de participar en un acto deportivo importante como patrocinador. Me ofrecieron el paquete de patrocinador más caro que tenían. Después, al ver que dudaba, el vendedor ya estaba preparado con un paquete mucho menos caro, que parecía una ganga comparado con el inicial. Y así, terminé comprando este último.

Si me hubiera ofrecido primero la versión menos cara, probablemente lo hubiera pensado dos veces antes de comprarlo. Pero el orden en que es presentado un producto juega un papel definitivo en la forma en que respondemos a la oferta.

He visto usar esta técnica con frecuencia cuando se recaban fondos. Un recaudador de fondos efectivo pedirá una suma monstruosa y después irá bajando su petición hasta que parezca realmente una ganga. Esa misma cantidad es posible que hubiera parecido excesiva si se hubiera solicitado inicialmente.

Cuando justificas el precio de tu producto o de tu servicio, añades valor a tu oferta y le das al futuro cliente una razón lógica para comprar.

Resorte psicológico 10:

DEMOSTRAR EL VALOR DEL PRODUCTO

Capítulo 11

TÉCNICAS DE SUPERVIVENCIA PARA GORILAS Y FELICIDAD CONYUGAL

ste capítulo no trata acerca de la felicidad conyugal ni de tácticas de supervivencia para gorilas. Creo que una noche mientras estaba escribiendo este libro, me quedé un poco traspuesto y el resultado fue este título.

A veces las cosas simplemente suceden. Podría haberlo cambiado. Se me podría haber ocurrido algo más serio y más lógico. Pero no lo he hecho. He tomado la decisión emocional de dejar este título totalmente intrascendente, en este serio y lógico libro sobre ventas.

Pero cuidado. Este capítulo trata de los resortes emocionales en la publicidad y en las ventas, por eso tomé una decisión emocional con respecto al título. O sea, que tal vez no me faltan todavía todos los tornillos.

Realmente, el tema no debería ser tan emocional como lo estoy abordando. En realidad solo se deben recordar tres puntos acerca del tema de la emoción, tanto en la publicidad como en la venta personal:

1. Cada palabra tiene una emoción asociada a ella y cuenta una historia.
2. Toda buena presentación de ventas es un torrente emocional de palabras, sentimientos e impresiones.
3. Vendes basándote en la emoción, pero justificas la compra con la lógica.

Veamos el primer punto. ¿Por qué piensas que la gente se compra en Estados Unidos un Mercedes Benz? ¿Por su dirección de piñón y cremallera, por el sistema antibloqueo ABS, por sus sistemas de seguridad? Otros coches tienen las mismas características, entonces, ¿para qué gastar una fortuna cuando por una fracción del precio de un Mercedes, puedes obtener un coche japonés o americano o incluso un Volvo, que tiene exactamente los mismos equipamientos?

Esta es la respuesta: compramos basándonos en la emoción y luego nos justificamos con la lógica. Cuando me compré por primera vez un Mercedes y mis amigos lo vieron, les dije que la razón por la que lo había adquirido era una serie de características técnicas que me impresionaron. Sin embargo la verdadera razón por la que compré el coche no fue en absoluto por sus avances técnicos. Fue una decisión emocional. Yo quería poseer un coche de prestigio y pertenecer al selecto grupo de los que van en Mercedes. Pero cuando tuve que explicar la razón de mi compra, terminaba usando la lógica.

Mira los anuncios de la Mercedes. Su agencia de publicidad conoce la verdadera motivación existente tras la compra de sus coches por ello se enfoca sobre las razones que la gente usa para justificar sus compras. Todos sus anuncios hablan de las características técnicas que hacen del coche algo aparte. En realidad, punto por punto, no hay nada en él tan revolucionario que no pueda hallarse en un vehículo menos caro. El Mercedes se vende en virtud de su atractivo emocional aunque sus anuncios apelen a la lógica.

En una buena presentación de ventas, como resultado del ambiente que has creado, pones a tu futuro cliente en un marco emocional —la lógica aquí es menos importante—. Por ejemplo, cerca del fin de mis anuncios siempre uso la frase: «Si no está absolutamente satisfecho, devuelva su producto dentro de los primeros treinta días a fin de que se lo reembolsemos con prontitud y cortesía». ¿Puede existir un reembolso con cortesía? La gente, automática e inconscientemente, redefine las palabras para que encajen en el contexto emocional. *Cortés* aquí no significa amable, sino libre de discusiones. Lo que dice la emoción o el sentimiento de esa frase realmente es que somos una compañía muy respetuosa y comprensiva que le reembolsará su dinero con prontitud. Transmití el sentimiento y la emoción de ser una empresa que actúa con prontitud y con muy pocas palabras. A pesar de que la frase no tiene sentido lógico, ha sido adoptada por varias compañías de la competencia y es utilizada en sus catálogos y anuncios impresos.

En la publicidad y en la venta, una frase, una oración o incluso una premisa no tiene que ser lógicamente correcta. Si transmite el mensaje emocional, no solo cumple su misión, sino que es más efectiva que un mensaje lógico.

En un anuncio que escribí en 1978 para una calculadora que tenía una pantalla digital revolucionaria utilicé este concepto.

La nueva pantalla mostraba caracteres tanto alfabéticos como numéricos. Y como tenía una memoria muy grande, se la podía usar para anotar los números telefónicos de los amigos y además sus nombres. Hoy en día esto no es nada extraordinario, pero entonces sí lo era.

En ese tiempo tenía dos competidores que se apoderaron del producto primero y lanzaron su publicidad, pero ambos fallaron. Su fracaso tuvo varias razones pero una de ellas fue la forma en que lanzaron el producto, en un nivel lógico. Intentaron explicar lo que significaba el término *alfanumérico*, las características de la pantalla y la memoria que tenía la unidad. El anuncio estaba lleno de hechos y de lógica. Como era un producto tan nuevo y revolucionario, pensaron que se vendería basándose solo en la lógica. Pero no fue así.

Por diversión, decidí vender un producto similar, a través de mi catálogo. La Corporación Cannon se había acercado a mí poco antes para decirme que si aceptaba su producto, me darían la exclusividad durante varios meses, a condición de que lo anunciara a nivel nacional.

Primero probé el anuncio en mi catálogo y le inventé al producto el título de «Páginas Amarillas de bolsillo», con un subtítulo: «Deje que sus dedos recorran las primeras Páginas Amarillas de bolsillo de América». Ahora, mira la versión emocional del anuncio.

Te sientes agobiado. Estás en una cabina telefónica intentando localizar un número en la guía, y hay gente esperando. Sientes la tensión.

Entonces, ante los asombrados ojos de quienes te rodean, sacas tu calculadora, presionas algunos botones, y rápidamente el número que buscas aparece en la pantalla. ¿Crees que esto es un sueño? ¡En absoluto!

El anuncio fue un éxito tremendo. Lo colocamos en docenas de revistas y triunfamos generosamente mientras que los otros competidores abandonaron. Pero fíjate en el enfoque emocional que utilicé. No digo nada acerca de las ventajas técnicas del producto ni de su potente memoria. Teniendo en cuenta la naturaleza de mi producto y de mi cliente, sabía que los hechos no lo venderían, pero la emoción sí lo hizo.

Cada producto tiene una naturaleza propia, como ya aprendiste en el capítulo 2, y la comprensión de esa naturaleza y su atractivo emocional te ayudarán a venderlo. Me di cuenta de que aquella calculadora atraería a las personas motivadas por los artilugios modernos, que gustan de presumir de ellos ante sus amigos. El anuncio reflejaba este atractivo emocional. Más adelante, en el propio anuncio justificaba la compra con hechos y explicaba la tecnología del aparato, pero sin entrar en demasiados detalles.

En la venta el punto clave sobre la emoción tiene que ver con las palabras que usas. Si eres consciente de que cada palabra que dices tiene una emoción ligada a ella —casi como una pequeña historia en sí misma—, también lograrás una muy buena comprensión de los efectos que ciertas palabras tienen en el proceso de venta.

Por ejemplo, en lugar de usar el término *compra*, puedes sugerir que el cliente *invierta* en tu producto. ¿No preferirías invertir en un producto antes que comprarlo? ¿Y al entregarle un contrato a tu futuro cliente para su firma? ¿No sería mejor decir: «Por favor, firme el documento», en lugar de: «Por favor, firme el contrato»?

Estas palabras, en el proceso de ventas, son emocionalmente tan diferentes como la noche y el día.

¿Qué emociones sientes cuando menciono las siguientes palabras: *Cleveland*, *timo*, *consumidor*, *campesino*, *abogado*, *soviético*?

Cleveland puede haber evocado un poco de risa, como el lugar al que nunca pensarías mudarte, a menos que vivas ya en Cleveland, y si ese es el caso, por favor acepta mis disculpas. Cleveland es un lugar muy agradable. Pero cada país tiene una ciudad famosa de la que todos se burlan. El comediante ruso Yacov Smirnoff dice que los comediantes rusos también se burlan de una ciudad: se llama Cleveland.

¿Y qué te hacen sentir las palabras *consumidor*, y *timo*?

El vocablo *campesino* puede no solo indicar lo que esa persona hace para ganarse la vida sino que también nos trae a la mente conceptos como integridad, honestidad, trabajo duro y dedicación. Piensa en todos los sentimientos que la palabra *campesino* evoca.

Por su parte, *soviético* me suena más siniestra que *ruso*.

¿Qué pensamientos te vienen a la mente ante el término *abogado*?

Como verás, el poder de las palabras es enorme.

Esto es parte de un anuncio que redacté, en el que se destaca las diferencias emocionales entre palabras. ¿Cuál suena mejor?

EJEMPLO 1: La vieja del motel.
EJEMPLO 2: La viejecita de la cabaña.

Se trataba de un anuncio sobre un aceite de masaje que descubrí en Hawái y describía cómo lo había descubierto. El ejemplo 1 era mi primer borrador, pero el ejemplo 2 sonaba mucho mejor.

No estoy sugiriendo que cambies los hechos de una situación para adecuarlos a un sentimiento emocional. En el ejemplo citado, la oficina del motel era una pequeña cabaña, y el uso de esta palabra le dio al anuncio una mejor carga emocional. ¿Qué piensas? ¿Sientes la diferencia?

A veces cambiar una sola palabra incrementará la respuesta a un anuncio de forma notable. John Caples, uno de los legendarios comercializadores directos, cambió en una ocasión la palabra *reparar* por *arreglar* y observó cómo la respuesta del público se incrementaba un 20%. Eso es lo más grandioso de la comercialización de respuesta directa, pues te permite realmente comprobar el efecto de las palabras que escribes.

No creas que para ser un gran vendedor debes tener un gran conocimiento del contexto emocional de lo que expresas. Lo que se necesita es más sentido común que otra cosa, y eso llega con el tiempo y la experiencia. También se puede aprender de las experiencias de otros. Hay bastantes libros buenos a la venta que te darán muchos ejemplos de palabras poderosas que puedas usar. La finalidad de este capítulo es alertarte sobre el hecho de que la venta es una experiencia emocional y que de tus palabras dependerá en gran parte el éxito de tu venta.

La gente compra a un nivel emocional y luego justifican su compra con la lógica. Por eso los grupos o paneles de consumidores que evalúan productos no sirven para saber si se venderán o no se venderán. Claro, puedes conseguir ideas muy buenas de estos grupos, pero solo cuando llegue el momento de tomar la decisión emocional de comprar, sabrás realmente si tu producto será un éxito o no. Esos grupos evalúan un producto basándose en la lógica, sin tener para nada en cuenta las emociones.

En mis seminarios les digo a los participantes que redactar un anuncio es plasmar un torrente emocional de palabras y sentimientos sobre una hoja de papel. Es un proceso a la vez mental y emocional.

¿Puedes ser más emocional al presentar tu producto? ¿Puedes expresar la emoción que provoca y transmitírsela a tu futuro cliente? De eso es de lo que se trata en la utilización de las emociones en la venta. No es sentarse frente a tu futuro cliente y llorar a mares hasta que te pida que salgas de su oficina; sin embargo, pensándolo bien, sería una forma maravillosa de lograr una venta.

El hecho importante es que la gente compra siempre a un nivel emocional, usando luego la lógica para justificar su adquisición; por lo tanto, el uso de las palabras emotivamente correctas mejorará todo proceso de venta. Para sobrevivir en la selva de las ventas, actúa como un gorila, aprende todas las tácticas, luego vete a tu casa y experimenta algún tipo de felicidad conyugal.

Resorte psicológico 11:

LA EMOCIÓN

Capítulo 12

EL DIABLO ESTÁ EN LA LÓGICA

Muy bien, pongámonos serios. Quiero decir realmente serios. Porque este capítulo trata del tema de la lógica y de su uso para justificar una compra. La lógica es seria. Mucho más que la emoción y es lo que se utiliza para justificar una compra emocional, como mencioné en el capítulo anterior.

Una de las preguntas que posiblemente surjan en la mente del cliente mientras estás haciendo tu exposición de ventas es: «¿Cómo puedo justificar esta compra?». Y como toda pregunta que surge en la mente del cliente, debe ser solucionada. Si no la resaltas y la solucionas, le darás una excusa para decir: «Voy a pensarlo»; y por supuesto, nunca comprará.

Esa necesidad de justificar la compra puede estar incluso en el subconsciente de la persona. Nunca la mencionará, pero está ahí. Por lo tanto es importante que en alguna parte de tu presentación (normalmente cerca del final) respondas esa pregunta subconsciente, primero resaltando el tema de la justificación y después solucionándolo.

En algún lugar en mis anuncios, siempre le proporciono alguna justificación al comprador. A veces es solo diciendo: «Tú te lo mereces». En otras ocasiones justifico la compra en términos de ahorro (demostrando su valor), por razones de salud («Solo tiene un juego de ojos, protéjalos»), apelando al reconocimiento de los demás («A los hombres les encantará cómo le queda»), seguridad («Los *airbag* de este Mercedes están recubiertos con pan de oro) o de docenas de otras formas. Todos estos métodos están basados en el conocimiento de los deseos y las necesidades de los consumidores.

Un amigo me dice en broma:

—Joe, cuando leo tus anuncios, me siento culpable si no te compro el producto.

Si justificas la compra en la mente de tu cliente, no le dejarás excusa alguna para no comprar; de hecho, puede llegar a sentirse culpable si no lo hace.

Cuanto más alto sea el precio, más necesidad hay de justificar la compra. Cuanto más bajo sea el precio o más alto el valor, menos tendrás que preocuparte por justificarla.

En el capítulo 11 hablé acerca del atractivo emocional del Mercedes Benz y de cómo el cliente compra el coche basándose en la emoción y lo justifica luego con la lógica. El consumidor siente la necesidad de adquirirlo, pero necesita la seguridad de saber que su compra tiene sentido lógico.

A nadie le gusta comprar tontamente, como vimos en el caso de la estudiante de la Universidad de Nevada mencionada en el capítulo 9. Todos quieren saber que sus compras tienen una base lógica y que están justificadas. Y tú eres quien debe proveer esa lógica. Debes proporcionar las razones y la justificación para la compra. Sin esto, al cliente le faltarán algunos de los más importantes ingredientes para solucionar sus objeciones.

Un buen ejemplo de justificación de la compra de un producto es el que apareció en un anuncio que redacté para «invertir» en un juego de bolas llamado *Fireball*, de la Bally Corporation. En mi texto, justificaba su valor, antes que nada, comparándolo con otros sistemas de entretenimiento casero. El texto para justificar su compra era como sigue:

> Si pagó más de 600 dólares, ya sea por su televisor, su estéreo o su mesa de billar, debería considerar comprar una máquina de bolas. Con ella tendrá más diversión y más acción que viendo la televisión, escuchando su estéreo o jugando al billar. Considere el *Fireball* para su empresa, tanto como distracción para los ejecutivos como una nueva prestación para sus empleados, de la oficina o de la fábrica, durante sus descansos. Su beneficio directo es doble pues se trata de una inversión con exención fiscal, y además amortizable.

Como puedes ver, incluso les di a los empresarios una forma de justificar el coste haciéndoles notar las deducciones de impuestos y la depreciación. ¿Ves cómo el hecho de justificar la compra puede hacerla mucho más fácil? Con frecuencia la gente quiere comprar algo, pero vacila porque no tiene bastante justificación para dicha compra. Tienes que sobreponerte a esa resistencia dándole a tu cliente todas las razones necesarias para que crea que su decisión emocional de comprar está lo suficientemente respaldada por una justificación lógica. De otra manera estarás fallando en el principal resorte psicológico que tal vez necesites para cerrar la venta.

En la venta personal deberás aprender primero, a través de la experiencia, las típicas objeciones que el cliente te hará para no comprar tu producto. Una vez que esos problemas estén bien definidos, eliminarás gran parte de su resistencia si puedes solucionar satisfactoriamente dichos puntos.

Después, toma conciencia de que las razones emocionales del cliente al comprar tu producto juegan un papel muy pequeño en la forma en que va a racionalizar su adquisición. El cliente quiere comprar tu producto. Ahora dependerá de ti aportarle algo de la lógica que necesitará para justificar su compra ante sí mismo, su esposa o sus superiores.

En el caso del Mercedes hay mucho a lo que se puede recurrir: los aspectos de seguridad, apariencia, desempeño y funcionamiento. Si estás vendiendo una pieza de equipo industrial, el ahorro en los costes, la rapidez, la ventaja que el cliente tendrá sobre la competencia, etc. Todo expresado con hechos y cifras. En el caso de la ropa, está la comodidad del producto, la facilidad de lavado, la forma en que se puede combinar y hacer juego con otra ropa, es decir, todas las razones que justificarán la compra lógicamente.

Recuerda los dos puntos principales acerca de la lógica: primero compramos sobre la base de una emoción y justificamos la compra con la lógica; segundo, considera la lógica como la respuesta a una objeción implícita: «¿Por qué debería yo comprar esto?».

Resorte psicológico 12:

JUSTIFICAR CON LÓGICA

Capítulo 13

LA ÚLTIMA TENTACIÓN DEL ADINERADO

La codicia, en su forma de atracción por las gangas, es un factor muy fuerte de motivación. Muchas veces he comprado artículos que no necesitaba, simplemente por que estaban baratas. Es posible que seas como yo y caigas a menudo en la trampa.

Sin embargo, no vaciles en reconocer la codicia como un factor muy fuerte, tanto en el caso de la mercancía de bajo precio como ante los productos caros que han sido rebajados. Bajar demasiado el precio puede disminuir tu credibilidad, a menos que lo justifiques. A pesar de ello, mucha gente está dispuesta a correr riesgos, con tal de llevarse más productos por el mismo dinero. La codicia es sencillamente el resorte psicológico que utilizas cuando le suministras al cliente un producto de más valor de lo que cree que realmente se merece por el dinero que ha pagado.

En uno de mis primeros anuncios de calculadoras que publiqué en *The Wall Street Journal*, ofrecía una calculadora por 49,95 dólares, por lo que el fabricante se molestó mucho conmigo:

—Ese producto debe venderse en 69,95 dólares. Ahora tengo continuamente detallistas de todo el país llamándome y quejándose –me gritó al teléfono.

—No te preocupes –le dije–. Lo corregiré.

Así que publiqué un pequeño anuncio en el mismo periódico dando cuenta de mi error y elevando el precio de 49,95 a 69,95 dólares y dándoles a los consumidores solo unos pocos días para responder al viejo precio. La respuesta del público a este anuncio superó con creces al anterior, a pesar de que su tamaño era considerablemente más pequeño. Todos querían comprar la calculadora por 49,95 dólares. Le estaba suministrando al consumidor más valor del que él se sentía con derecho, a causa de mi error.

La codicia no es una técnica que pueda ser empleada todo el tiempo. Pero debe ser reconocida como un elemento efectivo que, cuando se utiliza apropiadamente, constituye un gran resorte psicológico para la venta, pues está basada en una debilidad de prácticamente todo el mundo.

Cuando bajas el precio de un producto, en general y con muy pocas excepciones, terminarás con una venta más fácil, que requiere menos justificación y menos lógica. Si sigues bajando el precio, crearás un deseo creciente por ese producto, que desafiará toda lógica y cualquier necesidad de justificar la compra. De hecho, si lo bajas lo suficiente, todo sentido de razón y de lógica será arrojado por la ventana, por lo que la compra se convertirá en una reacción completamente emocional, sin ningún requerimiento de credibilidad. Por supuesto, si bajas demasiado, deberás añadir alguna justificación para ese precio más bajo, pues posiblemente comiencen a formarse objeciones en la mente los clientes.

Un buen ejemplo fue un anuncio que redacté para vender una prensa de imprenta por 150.000 dólares, cuando su precio normal rondaba por los 650.000. En esa ocasión mencioné que el primer comprador desapareció después de efectuar un gran depósito y no había sido visto desde entonces. Mis futuros clientes podían aprovecharse de una oportunidad extraordinaria, que era verdad. La llamé «La venta de la persona desaparecida». Y obtuvo una respuesta extraordinaria.

La codicia no es un rasgo humano muy positivo. Pero existe, y es forzoso considerar cuándo utilizarla con los clientes. Por ejemplo, si tuviera un producto con un precio al detalle de 100 dólares y tuviera un cliente a quien venderle ese producto por 60 y obtener una ganancia, podría empezar ofreciéndolo a 100 dólares.

Otro muy sutil ejemplo es cuando el cliente está dispuesto a pagar 50 dólares por el modelo estándar de un producto. Si le enseñas primero la versión de lujo que cuesta 150 dólares, después, cuando le ofrezcas el producto estándar le parecerá mucho más barato que si se lo hubieras presentado primero. Esto podría no parecer codicia, pero el hecho es que el precio más bajo genera un sentido de codicia que hace que el producto en cuestión tenga un valor añadido. Si bajas el precio de algo, casi siempre venderás más de ese producto. La intensidad de la salivación en las glándulas de la codicia de tu futuro cliente variará en proporción a la caída del precio. Hay muy pocas excepciones a esta regla, aunque en verdad he oído de algunas. Pero a menudo las excepciones no contemplan todos los hechos, y te llevan a pensar equivocadamente que es posible. Si en verdad hay una excepción a esta regla, debe haber otros factores en juego que han de ser analizados.

En mis seminarios suelo enseñar a los asistentes una lección muy importante acerca de la codicia y de los factores que entran en juego cuando cambias el precio de un producto. Es durante la clase de creatividad, cuando para hacer que fluyan sus jugos creativos utilizo el tanque de ideas de De Bono. Se trata de un aparato esférico que contiene catorce mil palabras impresas en pequeñas piezas de plástico, con una pequeña ventanilla a través de la cual son visibles algunas de esas palabras. Primero mezclo todas las palabras y después selecciono a alguien del grupo para que lea en voz alta las tres primeras que ve a través de la ventanilla del tanque de ideas.

El resto de la clase busca entonces ideas sobre un posible anuncio utilizando esas tres palabras. Por ejemplo, si el producto es un detector de metales y las palabras fueran tío, tractor y engaño, el guion que ellos crearían podría ser acerca de un tío que esconde una pieza valiosa de metal en un tractor de juguete y engaña a todos acerca de su verdadero paradero. De alguna manera estos elementos serían usados para vender algo sin relación alguna con las tres palabras.

Usando palabras sin relación, el pensador o el escritor tiene que alejarse del camino tradicional y de hablar únicamente acerca de las características del producto y está obligado a enfocar conceptos distintos. El tanque de ideas es una herramienta que ayuda a romper con el camino tradicional de pensar y te hace extraer diferentes combinaciones y relaciones de tu vasto almacén mental.

Después de presentar el ejercicio a la clase y una vez que han visto la magia y la diversión del tanque de ideas, el aparato realmente se vende solo. Nunca tengo que esperar mucho para que alguien levante la mano y pregunte:

—¿Dónde puedo comprar una cosa de esas?

Entonces inicio mi estratagema para demostrarles varios puntos:

—El tanque de ideas cuesta solo 19,95 dólares al por mayor, así que si hay alguien que quiera uno, que levante la mano.

En ese momento, todos los participantes levantan la mano. ¿Y por qué no? El artículo parece algo de mucho mayor precio que 19,95 dólares y es un extraordinario auxiliar de la creatividad y además muy divertido. Con tan solo mencionar su precio estaba vendido. Pero entonces les presento mi primera sorpresa.

—Bien, la verdad es que me gustaría comprarlos por 19,95 dólares pero su precio en realidad es de 99,95 dólares. Estaba bromeando al decirles que costaba 19,95, ya que realmente su precio es de 99,95 dólares. ¿Cuántos lo quieren ahora?

Cerca de la cuarta parte de los alumnos levantan las manos. El resto se ve que están tensos ante la decisión... Quizá después de algo de consideración se levantan unas cuantas manos más.

Entonces continúo:

—Ahora escuchen, 99,95 dólares realmente no es mucho. Tengan en cuenta que en su interior hay catorce mil palabras impresas en pequeñas piezas de plástico, todas en esta hermosa esfera montada sobre su base de tres patas. Considérenlo así: si obtienen tan solo una idea de este tanque de ideas y ganan 1.000 dólares más con su anuncio, ¿no vale la pena? Ahora, ¿cuántas personas quieren comprar esto a 99,95 dólares?

Las manos se alzan otra vez y ahora dos tercios de los participantes quieren el tanque de ideas. Ciertamente no tantos como los que lo querían a 19,95 dólares, pero bastantes más de los que estaban dispuestos a adquirirlo antes de mi explicación. En resumen, a consecuencia de que el precio es más alto tengo que hacer mucha más labor de ventas y aun así termino con menos compradores.

En este punto le explico a la clase que hemos aprendido varias lecciones importantes de mercadotecnia. A un precio muy bajo, no tienes que decir mucho acerca de tu producto. Sólo preséntalo. Si la gente entiende lo que es el producto y el valor percibido es mucho más grande, lo querrán comprar, ya sea que lo necesiten o no. No hay necesidad de un texto publicitario muy grande, no hay necesidad de muchas explicaciones. Tan solo deja que la codicia haga su trabajo.

Pero eleva el precio sin proporcionar más valor al producto, y la respuesta del consumidor caerá drásticamente. Si te esfuerzas en justificar su compra, puedes elevar la demanda, pero, curiosamente, no al mismo nivel logrado con el precio de 19,95 dólares. La codicia realmente gana.

Observa que cuando elevamos los precios, la tasa de respuesta baja. Cuando el precio de un producto sube, el número de unidades vendidas disminuye y se requiere más esfuerzo para educar y persuadir al consumidor. Pero baja el precio lo suficiente y la codicia por sí sola dirigirá las ventas.

Debes reconocer a la codicia como un factor importante. Proveyendo más valor del que tu futuro cliente espera, incrementarás el poder de este valioso resorte psicológico.

Resorte psicológico 13:

LA CODICIA

Capítulo 14

CIRUGÍA CEREBRAL
PARA IDIOTAS

Un hermoso ejemplo del poder del siguiente resorte psicológico me ocurrió en el aeropuerto de Maui, en Hawái, en 1998. Me disponía a tomar el vuelo 49 de United Airlines con destino a San Francisco.

Cuando llegué a la puerta de embarque, noté que algunas personas estaban pidiendo su reembolso en el mostrador. También observé que la sala de espera estaba abarrotada.

Me aproximé a uno de los empleados de tierra que estaban en la puerta para averiguar lo que sucedía y se me dijo que una pieza del avión no funcionaba y que nadie podía subir al avión por el momento.

—Al parecer no puede ser reparada y se nos ha dicho que mantengamos a los pasajeros fuera del avión mientras cargan el combustible, –fue la respuesta.

Entonces alguien del personal de tierra tomó el micrófono e hizo la siguiente afirmación:

—Damas y caballeros. El piloto está en estos momentos ocupado haciendo la revisión final del vuelo y no le es posible explicarles cuál es el problema. Ha mencionado que si alguien no quiere subir al avión, lo puede hacer.

En ese momento se produjo una desbandada de pasajeros —quizá unos veinte— que corrieron hacia el mostrador para cancelar sus pasajes. «¡Caray! —pensé—, ¿qué está sucediendo?» Las caras del resto de los pasajeros mostraban gran preocupación al escuchar el anuncio.

Le pregunté al hombre que había hecho el anuncio:

—¿Cuál es realmente el problema?

—Es el EPU o APU, o algo así, que se ha averiado, por eso se deben mantener los motores del avión en marcha. La gente piensa que el problema de esa pieza puede afectar a su seguridad. Y el piloto no va a decir nada.

Miré al frustrado hombre y le pregunté:

—¿Puedo hablar? Soy piloto.

Me miró, aliviado, y me pasó el micrófono.

—Adelante.

—Damas y caballeros, ¿me pueden conceder su atención? —anuncié, y al momento toda la sala se calló—. Soy un pasajero de este vuelo como todos ustedes. Pero también soy piloto y pienso que puedo arrojar un poco de luz sobre lo que está pasando. Cuando el avión rueda hacia la pista de despegue o al realizar otras funciones en tierra, para conservar energía se conecta a una fuente de energía externa. Un operario es izado hasta la panza del avión y conecta allí un enorme enchufe. Ese enchufe es el que lo conecta a la APU (Auxiliary Power Unit). Aparentemente, la APU no está funcionando, así que la tripulación de tierra debe mantener los motores en marcha mientras se llenan los tanques de combustible. Según la ley, los pasajeros no pueden subir al avión mientras está siendo abastecido, si los motores están funcionando.

»No hay ningún problema en el avión. Es perfectamente seguro. De hecho, los pilotos son más cobardes que nosotros y no volarían en esta nave si no estuviera perfectamente revisada. Pueden sentirse totalmente a salvo en este avión. Como dije, soy un pasajero como ustedes y no trabajo para United. Pero sé que tendremos un buen vuelo hasta San Francisco. Muchas gracias.

En ese momento, toda la sala de espera estalló en aplausos. El alivio se vio en los rostros de los preocupados pasajeros que momentos antes no sabían qué hacer. Y la fila de pasajeros que estaban esperando cancelar su vuelo simplemente se desvaneció.

Algunos auxiliares de vuelo se acercaron a mí y me dieron las gracias. El hecho es que le ahorré a United Airlines miles de dólares en reservas canceladas. Les evite a muchos pasajeros una gran preocupación y angustia y ayudé al personal de tierra a aclarar una situación confusa.

Como resultado del poder de mi credibilidad, fui capaz de revertir totalmente la actitud de los pasajeros. La credibilidad es ciertamente un resorte psicológico muy poderoso.

Si transmites honestidad e integridad en tu mensaje, hay posibilidades de que hayas adelantado mucho para establecer tu credibilidad. No obstante, la credibilidad no es solo honestidad e integridad. La credibilidad consiste en ser creíble. Cuando hice mi anuncio, yo era un piloto y un pasajero que tenía un cierto conocimiento que compartir. Era creíble. El piloto debería haberlo sido también, pero en ese momento no estaba disponible. El personal de tierra no tenía conocimientos técnicos y a causa de ello crearon una cuasicalamidad.

La credibilidad también significa sinceridad. ¿El consumidor realmente te cree? Afirmaciones imprudentes, los lugares comunes y algunas exageraciones eliminarán cualquier credibilidad que tu oferta pudiera haber tenido.

Uno de los factores más importantes que pueden afectar a tu credibilidad es no solucionar todas las objeciones que se encuentren en la mente de tus clientes y que piensen que estás escondiendo algo o evitando algún fallo evidente del producto o del servicio. Debes resaltar todas las objeciones y solucionarlas.

Debes, en esencia, percibir la pregunta que al cliente se le pueda ocurrir y responderla en una forma directa, honesta y creíble. La integridad de tu producto, la de tu oferta y la de ti mismo están todas en línea, y a menos que transmitas la más alta credibilidad en tu presentación, tus futuros clientes no se sentirán tranquilos comprándote lo que deseas venderles.

Cuando aparezco en QVC —el canal de ventas por televisión—, me es fácil vender un producto difícil, que normalmente requeriría de mucha credibilidad. La razón es que QVC ya tiene mucha credibilidad con sus clientes. Si ofrece un producto, eso significa que debe ser bueno; debe de tener la calidad que sus clientes esperan. Habrá veces en que lo compre alguien que haya adquirido productos de QVC anteriormente y ya sienta que la compañía es un concepto muy fiable. En pocas palabras, en estos casos pongo mi producto respaldado por la credibilidad de QVC, y la combinación tanto de la credibilidad de este canal como la de mi producto es muy poderosa.

El efecto de la credibilidad también se extiende a las revistas y periódicos en los cuales me anuncio. Si anuncio mi producto en *The Wall Street Journal*, estoy respaldándome en su credibilidad y en su constante vigilancia a la hora de asegurarse de que no se están aprovechando de sus lectores. Si pusiera ese mismo anuncio en el *National Enquirer*, compartiría la credibilidad —o carencia de ella— que esa publicación ha establecido con sus lectores. De nuevo, la credibilidad se ve afectada por el entorno en el que estás vendiendo. Y lo mismo se aplica a la venta personal.

Puedes también incrementar la credibilidad a través del uso de un producto de marca. Por ejemplo, si estoy ofreciendo un aparato electrónico con el nombre de York con las mismas características de uno cuya marca sea Sony, ¿cuál tendrá mayor credibilidad? El producto de marca Sony probablemente se vendería mejor, aunque su precio fuera más alto.

Añadir el respaldo de alguna celebridad es otra manera efectiva de incrementar la credibilidad. El nombre de una compañía puede hacerlo, también. Había una empresa con el nombre de *La Caseta de las Herramientas*, que vendía ordenadores. Ese nombre realmente mermaba la credibilidad del producto que estaban vendiendo. Una vez publicamos el mismo anuncio en *The Wall Street Journal* para probar el efecto de nuestro nombre comercial JS&A contra uno de nuestros nombres menos conocidos: El Héroe de los Consumidores. En la prueba, el anuncio de JS&A superó por mucho a nuestro otro anuncio. Sin embargo, solo el nombre de la compañía era diferente.

Algunas veces una ciudad o un estado puede añadir credibilidad. Por eso algunas compañías se ubican en grandes ciudades. Si estuviera en el negocio editorial, querría tener mis oficinas en Nueva York, que es la capital de la industria editorial del mundo. Si estuviera comercializando un perfume, querría oficinas en Londres, París, Nueva York y Beverly Hills.

Si necesitase una operación cerebral, querría un neurocirujano de alto nivel con credenciales impresionantes, no a uno que llevara bajo el brazo un libro titulado Cirugía cerebral para idiotas. Las credenciales, la gente de arriba e incluso el portavoz de una compañía son todos importantes para establecer credibilidad.

Una de las técnicas que usaba en mis anuncios de venta por correo para construir credibilidad es insertar una explicación técnica, a fin de añadir una cierta seriedad a mi mensaje publicitario. Un buen ejemplo de esta técnica es el siguiente texto, que escribí para una imagen del circuito integrado de un reloj:

Una aguja apunta al nuevo circuito integrado decodificador que toma la energía del oscilador regresivo y computa el tiempo mientras lo muestra en la pantalla. Este aparato de la era espacial reemplaza a miles de circuitos sólidos y proporciona la máxima fiabilidad –todo ello, exclusivo de Sensor.

Muy poca gente sería capaz de entender este comentario técnico. De hecho, cuando mandé el anuncio al fabricante para su aprobación, me dijo:

—Lo que ha escrito es correcto, pero ¿quién va a entenderlo? De hecho, ¿por qué lo utiliza?

Proporcionar una explicación técnica que el lector no puede entender muestra que hemos investigado: si decimos que es bueno, sabiendo lo que sabemos, es que debe ser bueno. Eso le da al comprador la confianza de estar tratando realmente con un experto. (Por cierto, dicho reloj fue uno de nuestros productos de mayor venta.)

No es necesario que el producto sea muy técnico para que des una explicación técnica. Por ejemplo, Frank Schultz redactó un anuncio después de asistir a mi seminario. ¿Puede haber algo más sencillo que un pomelo? Sin embargo, en su anuncio, hablaba acerca de sus procedimientos de control de calidad y de que no aceptaba pomelos con «nariz de oveja» (con un abultamiento cerca del tallo). Es decir, fue capaz de incluir una explicación técnica acerca del pomelo, para demostrar que era un experto.

En la venta por correo o en persona, las explicaciones técnicas pueden añadir bastante credibilidad, pero debes asegurarte de que efectivamente te has convertido en un experto y tus afirmaciones deben ser precisas. Si no, el consumidor verá claramente la estratagema.

Está técnica podría ser igualmente efectiva en una presentación de ventas, siempre que se utilice para establecer la credibilidad y la pericia del vendedor y si la información dada tiene que ver con la venta. Sin embargo, usarla solo por usarla puede tener el efecto contrario y reducir tu credibilidad. El abuso de las explicaciones técnicas solo te distanciará del futuro cliente, pues este podría perderse y entrar en un estado de somnolencia.

Hay muchas maneras de añadir credibilidad, y ser consciente de esto cuando estás preparando tu presentación de ventas y creando el ambiente adecuado para tu producto es muy importante. Utiliza los métodos explicados aquí para revisar qué técnicas parecen lógicas para lo que estás vendiendo, y después úsalas con discreción. En una presentación de ventas cuidadosamente elaborada, pueden ser un arma muy poderosa.

Resorte psicológico 14:

LA CREDIBILIDAD

Capítulo 15

EL ARTE DE LA PASIÓN EXTREMA

Una de las ventajas que siempre ofrecemos en nuestros anuncios de venta por correo es la oportunidad de que nuestros clientes devuelvan el producto si este no cumple sus expectativas. Se trata de lo que llamamos un «periodo de prueba». Pero en mis seminarios, enseño que hay algo más que puedes hacer para incrementar la venta de tu producto, y que mucha gente confunde con el periodo de prueba. Es lo que yo denomino la «convicción de satisfacción».

Al principio, el periodo de prueba y la convicción de satisfacción podrían parecer lo mismo. En el primero, debes estar satisfecho durante un periodo de tiempo particular o de lo contrario puedes devolver el producto para que te lo reembolsen completamente. Sin embargo, la convicción de satisfacción lleva este concepto un paso más allá.

La convicción de satisfacción transmite un mensaje tuyo que dice: «Oiga, estoy tan convencido de que le gustará este producto que voy a hacer algo que le sorprenderá y le demostrará lo increíble de mi oferta». Si el cliente después de leer esto piensa algo así como: «Realmente esta gente cree en su producto», «¿Cómo podrán hacerlo?» o «Van a aprovecharse de ellos», sabré que voy por buen camino.

Permíteme darte un ejemplo. Cuando ofrecí por primera vez las gafas *BluBlocker*, dije en mi anuncio de televisión: «Si se siente insatisfecho con sus *BluBlocker*, puede devolverlas cuando usted quiera. No hay periodo de prueba, solo envíelas cualquier día y le reembolsaré todo su dinero». Mucha gente pensó para sí: «Este debe de ser un buen producto; de otra manera no harían esa oferta». O pueden haber pensado: «Los van a timar». En cualquier caso, les transmití la convicción de que mi cliente iba a estar muy satisfecho y que estaba dispuesto a hacer algo que respaldara esa convicción mía.

En un anuncio, afirmé: «Si no está satisfecho con su compra, llámeme y yo personalmente haré que la recojan a mis costas y le reembolsaré cada centavo de su precio de compra incluyendo el tiempo que le llevó devolver el producto».

Una vez pude comprobar el poder de una convicción de satisfacción. En un anuncio que redacté para una empresa llamada *El héroe de los consumidores*, estaba ofreciendo suscripciones a un boletín de productos reconstruidos, a muy bajo precio. Pero en lugar de solo enviar por correo el boletín a los futuros clientes, formé un club y ofrecí una suscripción a él. En el anuncio, de setecientas palabras, probé varios elementos, cambié el título y la respuesta mejoró en un 20%. Luego cambié el precio y vi que cuanto más bajo era, más pedidos recibía. Pero cuando incluí la convicción de satisfacción, la respuesta del público se duplicó. Recibí más de un 100% de pedidos adicionales.

En un anuncio, dije: «Si no compra usted nada, en el momento en que desee le reembolsaré la parte proporcional no usada de su suscripción».

En el segundo anuncio, afirmé: «Pero ¿qué sucede si no nos compra nunca y su suscripción de dos años expira? Bien, mándenos solo su tarjeta de miembro y le reembolsaremos totalmente su suscripción, con intereses».

En el primer ejemplo, ves una oferta básica, simple, de periodo de prueba. En la segunda versión, ves una que va bastante más allá del periodo de prueba y puede ser clasificada como una convicción de satisfacción.

En este caso, la respuesta del público se duplicó cuando usé la convicción de satisfacción, aunque figuraba al final del anuncio. Esto significa que la gente leyó todo el anuncio y al final, cuando debe tomarse la decisión de comprar, la convicción de satisfacción eliminó cualquier resistencia que todavía pudiera haber en ellos.

Si has pasado ya un tiempo convenciendo a tu cliente y estáis listos para cerrar la venta, piensa en lo poderosa que podría ser para ti una convicción de satisfacción, si en un anuncio de venta por correo es capaz de duplicar la respuesta del público.

Primero explícale tu oferta al cliente; indícale por qué es una buena oferta y por qué debería comprar el producto; después tendrás que hacer algo espectacular para empujarlo hasta el borde, todo ello dentro de la parte final de tu mensaje de venta. Es como un vendedor solicitando el pedido y diciendo también: «Y si me compra esto ahora, voy a hacer algo que pocos vendedores harían, para asegurarme de que queda usted satisfecho».

La convicción de satisfacción ideal debe resaltar una objeción o el último resto de resistencia existente en la mente del cliente y solucionarlos, como he indicado en los capítulos 4 y 5, pero al solucionarlos, ve más allá de lo que espera tu cliente. La solución debe ser una apasionada expresión de tu deseo de agradar a la persona a la que le estás vendiendo, para eliminar la última brizna de resistencia que todavía pudiera tener.

En mi anuncio de El Héroe de los Consumidores, la convicción de satisfacción fue muy efectiva, porque logró solucionar cualquier resistencia de último momento. Primero destacó la objeción: «¿Y qué sucede si no uso su servicio y no compro nada de su boletín durante el periodo de dos años?». Y después la solucioné con una convicción de satisfacción, algo que iba más allá de lo que la gente esperaba.

Pero ten cuidado, debes usar una convicción de satisfacción que tenga sentido. No vas a resaltar una objeción y después aplicarle una solución incorrecta cuyo único propósito sea crear una convicción de satisfacción. Debe tener sentido.

Imagínate que un vendedor de coches le dice a su cliente: «Si quiere, llévese el coche a casa y úselo durante todo el día; estoy tan convencido de que se enamorará de él que estoy dispuesto a dejar que se pruebe a sí mismo, sin que yo esté presente».

Si el producto es complejo o de funcionamiento difícil, podrías decir: «Estoy tan convencido de que este equipo influirá extraordinariamente en el éxito de su compañía y de que sus empleados llegarán a ser muy eficientes en su uso que yo personalmente organizaré el entrenamiento de todo su personal y me quedaré aquí hasta que todos ellos estén completamente capacitados, sin importar el coste ni el tiempo». Esto demuestra pasión y es una buena convicción de satisfacción porque va más allá de lo que el cliente está esperando y más allá de lo que normalmente se suministra.

La convicción de satisfacción es una parte decisiva de cualquier presentación de ventas, y aun así pocos se dan cuenta de su importancia. Nunca la he visto citada en ningún libro de psicología de ventas; sin embargo, si puedes crear una poderosa convicción de satisfacción, este sencillo resorte puede duplicar tus resultados.

El resorte es sencillamente cerrar tu presentación de ventas con la solución apasionada de cualquier objeción, ofreciendo una convicción de satisfacción que vaya más allá de lo que el cliente normalmente esperaría.

Resorte psicológico 15:

LA CONVICCIÓN DE SATISFACCIÓN

LA ALUCINACIÓN MASIVA Y OTRAS BUENAS IDEAS SOBRE MÁRKETING

Una de las técnicas más notables que uso en mis anuncios de venta por correo es un proceso llamado «eslabonamiento». Básicamente, consiste en relacionar lo que el consumidor ya sabe y entiende con lo que le estás vendiendo, a fin de hacer que el nuevo producto le sea sencillo de comprender y que se relacione fácilmente con él.

Una de las formas más simples de explicar cómo funciona este resorte psicológico es observar las modas. Una moda es sencillamente una locura que por regla general capta la atención del público y crea rápidamente fuertes cambios en la demanda, en la percepción y en el comportamiento de las masas. La demanda puede ser de un producto, tal como ocurrió con los muñecos Beanie en 1998 o las radios de banda civil (CB) en la década de los setenta. Puede ser sencillamente la fuerte presencia de un producto o de una idea, como la locura del Viagra en 1998, o un cambio en el comportamiento, como cuando las mujeres comenzaron a dejar de usar sostenes durante el movimiento de liberación femenina, a finales de la década de los sesenta.

Hay también modas dentro de campos específicos, por ejemplo, en la industria del *fitness* se dio una moda por los aparatos para abdominales. En la venta por televisión podría haber una saturación de ofertas de negocios e inversiones.

Usualmente las modas vienen y van rápidamente. Pero estos ejemplos servirán para mostrarte el proceso de eslabonamiento en sus niveles más básicos y obvios. Después te mostraré cómo el eslabonamiento puede usarse para vender con efectividad cualquier producto o servicio.

Primero, algunos hechos acerca de las modas y de cómo funciona este proceso de eslabonamiento. Un buen ejemplo sobre reconocer las modas y saber qué hacer con ellas es la experiencia que tuve con Richard Guilfoyle, un comercializador directo de Boston. Tenía un fuerte sentido de la historia y se enorgullecía de crear preciosas réplicas de objetos famosos estadounidenses: la linterna de Paul Revere, la estatua de George Washington en Valley Forge, un juego de salero y pimentero del tiempo de la guerra de la independencia... En 1975 su compañía estaba teniendo mucho éxito.

Y no era de extrañar: el país estaba a punto de celebrar su bicentenario, y este tipo de mercancía era una forma de celebrar el nacimiento de nuestra nación. Las ventas le iban muy bien. Richard estaba capitalizando aquella moda con cualquier producto que pudiera servir para celebrar el doscientos cumpleaños del país.

Pero de pronto el negocio cayó. Las ventas se desplomaron y él no pudo entender por qué. Y todo sucedió justo antes del 4 de julio de 1976, la fecha del bicentenario.

Cuando asistió a mi seminario, estaba realmente muy decepcionado con su negocio. ¿Qué había sucedido? Le sugerí que quizá era porque la gente estaba asociando us productos con el aniversario de Estados Unidos. Como esa fecha ya había pasado, sus ventas reflejaban dicha percepción.

Pero Richard insistió en que ese no era el caso:

—Mis productos poseen un verdadero significado histórico y no tienen nada que ver con el bicentenario —aseguró. ¿Podía yo revisar el texto de sus anuncios y ayudarle a mejorarlos?

Después de echarles un vistazo a sus textos, que en realidad eran muy buenos, vi claramente el problema. No había reconocido que los consumidores habían asociado sus productos como parte de la emoción del bicentenario del país, más que como una parte de la historia que podían adquirir y conservar.

Más tarde me mostró unos cuantos anuncios que había preparado después de asistir a mi seminario. Uno de ellos era para un collar consistente en una réplica de la linterna de Paul Revere con un pequeño diamante en el centro que reflejaba la luz como si fuera una vela. Era una hermosa pieza de joyería.

Leí el texto y le dije:

—Aquí tienes un producto de éxito. Este anuncio funcionará, no por la naturaleza histórica del collar, sino porque es una pieza de joyería muy bella. Ahora estás vendiendo joyería, Richard, no historia de Estados Unidos.

Por supuesto, el anuncio fue un gran éxito y pronto se dio cuenta de cómo una moda puede crecer y caer, por grandiosa que sea. Y también de cómo a veces las modas ni siquiera son reconocidas como modas.

En una época en que estuve haciendo relaciones públicas para algunos de mis clientes utilicé las modas como una forma de generar publicidad. Uno de ellos poseía un centro turístico de esquí, dode estaba tratando de incrementar la venta de motonieves. En ese tiempo, a mediados o finales de la década de los sesenta, el movimiento de liberación femenina era nuevo, vigoroso y apasionado. Le sugerí al dueño que prohibiera que en su centro turístico las mujeres condujeran motonieves y emití un comunicado de prensa en el que anunciaba orgullosamente este hecho. Aquello tuvo repercusión nacional, lo que originó una publicidad inaudita. Por supuesto, una vez que la publicidad se apaciguó y las ventas de motonieves crecieron espectacularmente a causa de dicha publicidad, mi amigo rescindió su prohibición. En pocas palabras, unimos un problema de mercado a una moda y como consecuencia se obtuvo una gran publicidad gratuita que hizo incrementar sus ventas.

Más o menos al mismo tiempo, uno de mis clientes, Jerry Herman, dueño del restaurante Spot Pizza, cerca de la Universidad del Noroeste en Evanston (Illinois), también quería lograr publicidad a nivel nacional. Las mujeres seguían en aquella época una moda inusual: tiraban sus sostenes y andaban sin ellos. Le sugería a Jerry que diseñara una pizza con forma de sostén y que la eslabonara con la moda. También él logró una notable publicidad a nivel nacional.

Más tarde volví a usar las modas para vender mis productos. Cuando en 1973 se descubrió que Nixon estaba usando un equipo telefónico para grabar todas sus conversaciones, hubo una publicidad enorme acerca de esto. Inmediatamente preparé una oferta de JS&A para un sistema con el que cualquiera podía intervenir sus teléfonos y la publiqué en *The Wall Street Journal* bajo el Título: «intervenga su teléfono».

Pero este anuncio fue un error. El FBI vino a mi casa y *The Wall Street Journal* me amenazó con nunca jamás publicar mis anuncios de nuevo. Y lo que es aún peor, no vendí muchos sistemas y perdí bastante dinero.

En contraste, capté otra moda y esta vez justo en el momento adecuado. Cuando más en auge estaba la moda de las CB, ofrecí un walkie-talkie que no tenía mucho que envidiarle a la radio de banda civil. Llamé a mi walkie-talkie «CB de bolsillo», porque transmitía en la misma frecuencia. Las ventas fueron muy buenas, pues capté una parte del mercado de las CB, que estaban de moda entonces.

El momento en que hay mucha publicidad acerca de algo y tiene el potencial de convertirse en una moda puede ser una oportunidad para eslabonarlo con algo que estés haciendo, ya sea para conseguir publicidad o para promover el producto.

Recientemente la píldora contra la impotencia, Viagra, representó una oportunidad para la publicidad de las gafas *BluBlocker*. Los tres efectos negativos del Viagra en algunos hombres eran visión borrosa, ojos sensibles y la visión de una sombra azul. Las *BluBlocker* ayudaban a aliviar los tres efectos secundarios, por lo que emití un comunicado de prensa para anunciar el hecho. La publicidad apareció en todo el mundo.

Las modas son muy poderosas. Ahora comprendes ya la idea básica del eslabonamiento. Pero ¿cómo te puede ser esto de ayuda cuando no hay ninguna moda a la vista? ¿Y cómo podría usarse este resorte en la venta personal?

Siempre que vendo un producto nuevo o una característica única de un nuevo concepto, uso la asociación. Tomo lo que es conocido por el cliente, lo relaciono con el objeto que estoy vendiendo y creo un puente en su mente. A causa de esta asociación, el cliente necesita pensar mucho menos para entender el nuevo producto. Este se puede relacionar más fácilmente con las necesidades del cliente. Y todos salen ganando.

Un ejemplo de este proceso fue mi anuncio sobre un detector de humo. El título del anuncio era: «La nariz». Hablaba acerca del artículo no como un detector de humo (ya se estaban vendiendo muchos aparatos de esos), sino como una nariz que estaba en el cielo raso de tu casa y olfateaba el aire. Cuando olfateaba humo, se activaba una alarma. Tomé el muy humano y sencillo concepto de una nariz, una parte del cuerpo cuya función es bien comprendida, y lo relacioné con un aparato electrónico.

En el anuncio también usé la asociación para expresar calidad. Por ejemplo, hablé de sus circuitos integrados con oro en los puntos de contacto. Mi futuro cliente fue así capaz de unir lo caro y la calidad del oro con ese producto, y al mismo tiempo le estaba justificando su elevado precio. En realidad, todos los circuitos integrados usaban oro en sus puntos de contacto, por lo que esto no era nada revolucionario, pero nadie se había molestado en explicarle esto al consumidor.

He usado el eslabonamiento en muchas otras formas. Por ejemplo, tuve un producto que era un arranque de coche a control remoto. Presionabas un botón en el aparato y tu vehículo arrancaba automáticamente. Lo llamé «El artefacto de los coches de la mafia». ¿Captas la relación de este producto? ¿No? Bueno, en el anuncio lo explicaba todo. La mafia usaba a menudo coches bomba para eliminar a la competencia.

Como este artefacto arranca tu coche a distancia, eliminaba el miedo y la preocupación de cualquier miembro de la mafia que tuviera que realizar dicha labor. Por supuesto, el producto no iba dirigido a mafiosos sino a la gente común y corriente que sencillamente quería tener la comodidad, en los días fríos, de dejar que su coche alcanzara una temperatura agradable antes de meterse en él.

Podría darte cientos de ejemplos. Pero el punto principal que debes recordar acerca del eslabonamiento es que debe relacionar el producto o el servicio que estás vendiendo con algo que sea fácil de identificar por tu cliente, a fin de salvar la brecha que hay en su mente.

Por regla general, cualquier producto es simplemente una versión mejorada de otro producto ya vendido con anterioridad. Deberás relacionar el producto viejo con la nueva versión, a fin de poder explicar esta.

Uno de los casos en los que es más difícil usar el eslabonamiento son los productos milagro, es decir, un producto que es demasiado bueno para ser verdad. Por ejemplo, una vez estuve vendiendo una pequeña píldora para ponerla en el tanque de gasolina del coche. Mejoraba el rendimiento del combustible, limpiaba el motor y tenía diez veces más aditivos que cualquier otro. Era realmente un producto milagro y fue muy difícil de asociar con cualquier cosa que existiera en el mercado. Usamos la frase «vitaminas para su coche» y «puesta a punto en una píldora», como algunos de nuestros eslabones.

Nuestras experiencias están eslabonadas en la memoria según un sistema de almacenamiento emocional. Y la mente las va extrayendo cada día, a fin de unirlas con otras experiencias que debemos ahora afrontar.

Nuestros recuerdos suelen estar eslabonados. Recuerdo el día que murió el presidente John F. Kennedy. Tengo grabado en la memoria dónde estaba en ese preciso momento y la confusión, el dolor y la emoción que sentí. Eslaboné cada imagen y cada emoción con aquel momento del tiempo.

Puedo incluso recordar las emociones y el momento y la ubicación de un día de excursión con mi novia del instituto, cómo estuvimos paseando por el bosque y hablando acerca de la vida y de nuestras fantasías más profundas. Mi fantasía era llegar a tener mucho éxito y poseer un coche deportivo, vivir en una isla tropical y algún día escribir una novela. Ella me confió que su fantasía era sencillamente tener relaciones sexuales con todo el equipo de la selección nacional de fútbol de Brasil.

En el proceso de ventas personal, debes tomar conciencia de cómo funciona el eslabonamiento. Es de vital importancia presentar tu producto o tu servicio eslabonándolo con algo que el consumidor pueda entender.

Resorte psicológico 16:

EL ESLABONAMIENTO

Capítulo 17

CONVENCIÓN NACIONAL DE ERMITAÑOS

Permíteme hacer unas cuantas observaciones que son importantes para comprender este siguiente resorte psicológico. Ya sabes que compramos desde un nivel emocional y que luego justificamos esa compra emocional usando la lógica. Pero hay algo más.

A menudo el comprador que usa la lógica para justificar una compra conoce sus justificaciones lógicas pero no es consciente de sus razones emocionales.

¿Por qué compra la gente coches Mercedes Benz? ¿Por qué fuman cigarrillos Marlboro? ¿Por qué ciertas modas se imponen? Porque la persona, subconscientemente, quiere pertenecer al grupo que ya posee ese producto.

En el caso de Marlboro, los fumadores subconscientemente quieren unirse al grupo que responde a la recia imagen del oeste que la agencia de publicidad de la empresa de cigarrillos ha creado.

La gente que compra Mercedes usualmente quiere pertenecer a ese grupo especial de personas de éxito que poseen ese tipo de coches. ¿Crees que es por los sistemas especiales de frenos o de suspensión? Olvídalo. Se gastan mucho dinero comprando un vehículo que, con suerte, apenas es ligeramente mejor que otros, que pueden llevarte a los mismos lugares a la misma velocidad y con mayor comodidad; sin embargo, toda esa gente –todos muy inteligentes– se comprarán un Mercedes.

Y la lista sigue. Nombra un producto que tenga una imagen establecida y te mostraré un comprador que, en algún lugar de su sistema subconsciente de valores, quiere pertenecer al grupo que posee ese producto. La moda, los coches, los cigarrillos, los artilugios tecnológicos, lo que sea. El consumidor que compra una marca específica ha sido motivado adquirirla por un deseo de pertenecer al grupo que ya posee esa marca y punto.

Cuando Volvo descubrió que su base de clientes poseía uno de los niveles educativos más elevados, dio amplia publicidad a este hecho. Al ser realizada la misma encuesta unos años después, el porcentaje había subido todavía más. Este salto fue causado, en mi opinión, por la asociación que los nuevos compradores querían equipararse con los cultos que ya poseían un Volvo. Deseaban pertenecer a ese grupo.

Cuando explicaba esto en un seminario, uno de los participantes me dijo una vez:

—Bueno, ¿y los ermitaños? No me diga que también ellos quieren pertenecer a un grupo.

Pues sí, quieren pertenecer al grupo de personas que se consideran a sí mismas como ermitaños. Debe de haber miles de ellos. Pertenecer a un grupo no significa que necesariamente tengas que estar con alguien o ser sociable.

Quizá la palabra clave sea *identificación*. Los poseedores de un Mercedes quieren ser identificados con la clase o con el grupo de gente que posee un Mercedes.

En la década de los setenta, en California, poseer un Rolls Royce era el símbolo supremo de prestigio. Yo me asombraba de ver cómo la gente se impresionaba con quien poseyera uno de esos coches. Como me crié en el Medio Oeste, donde la percepción de los vehículos no es la misma que en California, para mí fue un choque cultural darme cuenta de todo lo que significaba un Rolls Royce en la costa oeste. A pesar de que, en sí mismo, el coche era uno de los más conservadores e incluso de los más anticuados que circulaban en ese tiempo.

El deseo de pertenecer y de identificarse con el grupo de gente que posee un producto específico es uno de los más poderosos resortes psicológicos que se pueden utilizar en la venta y en la mercadotecnia.

Por ejemplo, si yo supiera que uno de mis futuros clientes quiere comprar un cierto producto de marca, primero me preguntaría a qué grupo quiere pertenecer esa persona. Así podría elaborar mi presentación tomando en cuenta todas las razones emocionales para pertenecer a ese grupo, razones que de alguna forma estuvieran en mi producto o en mi servicio.

Tomemos el ejemplo del Mercedes. Quien compra un Mercedes debe ser alguien que podría querer ser tratado como alguien rico, que espera calidad y servicio. Siendo consciente de esto, me permitiría entonces ofrecer los servicios, las opciones y las ventajas que una persona adinerada esperaría como parte de su compra y que son parte del perfil psicológico de la persona adinerada.

Dicha persona podría esperar un servicio excepcional y respetuoso. Quizá incluso un coche de buena calidad cuando llevase el suyo a revisión. Podría esperar servicio en carretera gratis, si algo le sucediera a su vehículo. Podría esperar que le ofrecieran otras consideraciones posventa que solo los ricos esperarían. El regalo del vendedor podría ser un costoso juego de pluma y bolígrafo en lugar de un llavero corriente.

Algo de esto es realmente de sentido común. Pero con frecuencia no tenemos en cuenta la motivación básica en la compra de un producto concreto, y ello nos revelaría mucho más acerca de nuestro futuro cliente. Piensa en cualquier producto, revista, servicio o incluso localidad. ¿Cuál es el perfil psicológico de la persona que pertenece a ese grupo de gente que compra un producto o un servicio determinado o que vive en una localidad en concreto? Ello te dará una idea sobre cómo tratar a esa persona. Y te ayudará a darte cuenta de lo que la motivaría a tomar en consideración la compra de tu producto. Estas pistas hacia el atractivo emocional de lo que vendes, unidas con las pistas que puedas obtener sobre tu futuro cliente, sus tendencias y sus deseos, constituyen un conocimiento psicológico del más alto valor.

En la comercialización directa, que es un campo muy científico, segmentamos nuestras listas de envíos por correo tanto demográfica como psicológicamente, para hacer el trabajo más eficiente y rentable. Por ejemplo, mi mejor comprador en electrónica cuando vendía en este ramo podía haber sido alguien que está suscrito al *Popular Science*, alguien que ha comprado una cámara y que pilota un avión. Así, podría tomar la lista de los pilotos, de los suscriptores de *Popular Science* y de quienes recientemente han comprado una cámara, juntarlas y averiguar los nombres que están en las tres listas. Fíjate en lo eficiente que este sistema puede ser para definir a tu futuro cliente. Es como quedarte en la tienda de televisores y esperar hasta que los clientes empiecen a tocar los mandos de un aparato, como describí en el capítulo 6.

En la época en que vendía aparatos electrónicos llegué a descubrir a mi cliente ideal. Inicié un nuevo catálogo al que llamé Artefactos. El catálogo estaba dedicado totalmente a este tema, con un número telefónico gratis, 1-800-gadgets, e incluso una página editorial sobre el amor que yo les tenía a aquellos aparatos. Incluso ofrecía un diploma especial como doctor en «Artefactología» a cualquiera que encajara en una de las dos categorías siguientes:

CATEGORÍA 1: El candidato a doctor en «Artefactología» deberá ser ingeniero eléctrico, además de piloto capaz de volar varios aparatos con instrumentos, radioaficionado activo y amante de la fotografía. Ahora bien, somos conscientes de que no todos reúnen estas características, por lo que hemos creado una segunda categoría, un poco más fácil.

CATEGORÍA 2: Obtendrá el título de doctor en «Artefactología» si compra cualquier producto de este catálogo. No importa lo que adquiera, ni tampoco que no sepa leer ni escribir. El hecho de comprar algo de este catálogo lo convertirá en alguien tan cualificado que ni usted mismo se lo va a creer.

Obtenga el título en cualquiera de estas dos categorías y le enviaremos un hermoso certificado que podrá enmarcar y colgar orgullosamente en la pared, anunciando a todo el mundo que ha obtenido las rigurosas calificaciones necesarias para ganar el título de doctor en «Artefactología», y como consecuencia, se ha convertido en «Artefactólogo» colegiado.

Casi cien personas me escribieron demostrando que poseían las muy estrictas habilidades necesarias para la categoría 1, que eran prácticamente mis propias cualidades. Aunque no llegué a graduarme como ingeniero eléctrico, estudié ingeniería eléctrica durante tres años y medio, hasta que me enrolé en el ejército. Además, poseía los otros requisitos. Era piloto, capaz de volar diversos aparatos, activo radiooperador aficionado, y amante de la fotografía. En resumen, estaba buscando a otros que no solo tuvieran el mismo gusto que yo por los artefactos, sino que hubieran experimentado muchas de las mismas cosas que yo había experimentado. Ciertamente, todos ellos pertenecían a mi grupo.

El deseo de pertenecer a un grupo es uno de los más fuertes resortes psicológicos que afectan a por qué la gente compra un producto o un servicio específico. Utilízalo averiguando a qué grupos pertenece tu futuro cliente y después haz coincidir sus necesidades y sus deseos con lo que tu producto ofrece.

Resorte psicológico 17:

EL DESEO DE PERTENECER A UN GRUPO

Capítulo 18

El coleccionismo
de colas de avión

En la comercialización directa, hay productos clasificados como coleccionables. Estampas, platos, muñecas y monedas son solo algunos de los objetos que se venden con este fin, y este es un nicho de mercado muy saludable y robusto. Existe un deseo emocional de coleccionar muchos de estos artículos. Pero tal vez te sorprenderías de saber que casi todo se puede coleccionar.

Basándome en mi experiencia de venta de relojes por correo, te puedo decir que quien ya me ha comprado un reloj,es el perfecto cliente para otro reloj. Cuando vendía este tipo de producto en mi catálogo, periódicamente se lo enviaba a los clientes que me habían comprado con anterioridad otros artículos. Y también a quienes me habían comprado relojes.

Uno podría pensar: «Si ya tienes un reloj, ¿para qué necesitas otro?». El hecho es que mucha gente en realidad los colecciona. Son gente que tendrá varios relojes, varios pares de gafas, varios pares de jeans, una biblioteca de vídeos o discos compactos e incluso una docena de camisas hawaianas. La lista puede ser interminable.

Siempre me asombro al ver la cantidad de muñecas que coleccionan los espectadores de QVC. Algunos son mujeres mayores, cuya niñez pasó hace ya mucho; sin embargo son de las más ávidas coleccionistas de muñecas. Y tienen docenas.

Los modelos de coches a escala también se venden mucho en QVC. Están entre los productos más populares para hombres. Y para no ser menos, debe de haber miles de espectadores que poseen varias gafas *BluBlocker*, en diferentes estilos.

La clave al vender (ya sea por escrito, en televisión, o en la venta personal) es darse cuenta de que hay un enorme segmento de la población que, por lo que sea, tiene una necesidad emocional de coleccionar una serie de productos similares. Estos productos les causan gran gozo y satisfacción, y en algunos casos, incluso les son de utilidad.

Piensa en los que coleccionan coches de verdad. Algunos, que se lo pueden permitir, tienen colecciones que se elevan a decenas de automóviles de tamaño natural. ¿Qué clase de necesidad emocional están satisfaciendo?

Una de las formas en que se optimizan las ventas aprovechando el instinto de coleccionismo es mandar, con el primer envío y libre de cargo, alguna clase de dispositivo, caja o archivo para contener la colección.

En una ocasión compré colas de avión de plata, con los logos de varias líneas aéreas repujados en ellas. Las vendía la Franklin Mint, una compañía de venta por correo de mucho éxito, especializada en coleccionismo. Empecé a coleccionarlas para ver cómo actuaba la Franklin Mint, más que por cualquier interés emocional en coleccionar colas de avión.

Cada una de las colas, de veinte centímetros de alto, estaba hecha de plata pura, lo cual les daba cierto valor. Se trataba del elemento vertical de la cola, la parte donde estaba ubicado el logo de la compañía, que venía grabado en la cola de plata. Pesaban unos veinticinco gramos, y tan solo en virtud de su contenido en plata, eran obviamente valiosas.

Recibí un hermoso armario de nogal hecho a mano, con cuatro cajones con espacios destinados para cada una de las colas de plata. El armario era de apariencia tan costosa que subconscientemente tuve un sentimiento de culpa. Tenía que hacer algo a cambio para demostrar mi agradecimiento a la Franklin Mint. Algo como llenarlo con colas de avión.

Podrás pensar que estoy exagerando, pero en realidad eso es lo que sentí cuando recibí el armario.

Después, otra emoción me invadió. El armario tenía todos los huecos para colocar en ellos las colas. Sentí esa abrumadora expectación por querer llenar todos los lugares. Algo así como cuando era niño. Estas son cosas muy básicas de la niñez.

Y las colas efectivamente fueron llegando cada mes. Recuerdo la emoción al ver el paquete de la Franklin Mint y mi expectación al abrirlo para descubrir qué cola de aerolínea había recibido. Después de abrirlo y colocar la cola en mi armario de nogal hecho a mano, veía cómo poco a poco me estaba acercando a llenar todos los huecos. Primero llené el primer cajón. Después empecé el segundo. Miraba mi colección cada vez que colocaba una nueva cola y sentía el orgullo de saber que estaba creciendo, que en verdad estaba acometiendo algo que no era muy difícil de hacer, pero demostraba que era tenaz en mi vida, que era capaz de lograr cosas.

Finalmente, tuve suficientes colas en el armario como para, cuando tenía invitados en casa, mostrarles mi colección, que ahora estaba en un lugar prominente en mi sala de estar. Había logrado un nivel de autoestima y de sentido de logro que no había sentido antes.

Terminé por serenarme y dejé de coleccionar aquello. Me estaba costando una fortuna y después de todo, la única razón de iniciar la colección fue por un propósito de investigación, para ver personalmente las razones emocionales de por qué la gente se sumergía en esos esquemas. Y para empezar, la colección era algo tonta. Las aerolíneas estaban fusionándose, quebrando o cambiando de nombre tan rápidamente que incluso la Franklin Mint tenía dificultad para seguirles el paso.

Pero esta experiencia me convenció de que había muchas oportunidades en productos usualmente no coleccionables, al vendérselos a personas que normalmente no serían consideradas coleccionistas. Descubrí que había gente que coleccionaba artilugios de todo tipo e incluso quien coleccionaba todos los artefactos que yo vendía. Para esa gente yo era como su traficante de drogas. No podían pasar sin mí.

Sólo porque le has vendido ya un producto a un cliente, no ignores la oportunidad de venderle el mismo producto de nuevo o una nueva variante de ese producto. Así como descubrí que mis mejores clientes de relojes eran aquellos que ya poseían más relojes, tú puedes descubrir que tus mejores futuros clientes son aquellos que ya son tus clientes y poseen un producto casi idéntico. Con frecuencia esta gente representa un mercado imponente, y sin embargo pasado por alto.

A un impresor podría gustarle coleccionar prensas antiguas. Un jardinero tal vez coleccione herramientas poco usuales. En cualquier categoría que se te ocurra, probablemente habrá un gran porcentaje de futuros clientes motivados a coleccionar lo que sea que estés ofreciendo. Esto con frecuencia tiene que ver con la continuidad, que vimos en el capítulo 1. Una vez que hemos establecido un patrón de compra, es fácil y cómodo seguir con él en nuestras compras futuras.

El deseo de coleccionar se extiende más allá de los productos obviamente coleccionables. Si le has vendido a tu cliente ya un producto, no desprecies la posibilidad de que coleccione otros similares.

Me pregunto si a alguien no le interesaría comprar una serie de colas de avión de plata.

Resorte psicológico 18:

EL AFÁN DE COLECCIONAR

Capítulo 19

SOCORRO, UN INCENDIO

Esto es un hecho verdadero que me sucedió cuando tenía tan solo ocho años de edad. Había conseguido una pistola de agua y una caja de cerillas. Las cerillas eran para iniciar un incendio y la pistola de agua para apagarlo. La idea era sencilla. Y fácil de poner en práctica.

Un día que no tenía nada que hacer, quemé un pedazo de papel y después, con mi pistola de agua, lo apagué. La idea funcionó. El agua apagó el fuego.

Después fui a dar una vuelta por el descampado que había cerca de mi edificio de apartamentos y encontré una vieja cochera abandonada sin ventanas ni puertas. Parecía como si la madera grisácea de la estructura de la cochera fuera a salir volando un día de fuerte viento, pero en aquel momento estaba aún en pie. Alguien había tirado algunas ramas verdes frente a la cochera.

Tomé una de las ramas, todavía llena de hojas verdes ,y la llevé al interior. Luego inicié un pequeño fuego dentro de un círculo de ladrillos que construí para contener las llamas. Al ir creciendo las llamas, comprobé que me llevaría demasiado tiempo apagarlas únicamente con mi pistola de agua, así que puse en práctica otra idea para apagarlas: la rama llena de hojas. Al golpear las llamas con la rama el fuego se sofocó, y después, sencillamente apagué las brasas con mi pistola de agua. De nuevo, fue una idea sencilla, ejecutada con solo la rama y la pistola de agua.

La rama fue tan efectiva que me pregunté qué sucedería si extendiese el fuego por toda la cochera y después sofocara las llamas con la rama y terminara el trabajo con mi pistola de agua.

Al extender el fuego por la cochera, las llamas pronto estaban por todos lados. Quiero decir, parecía como si no hubiera forma de que las pudiera apagar ni siquiera con un extintor de incendios. Pero entonces tome la rama, golpeé con fuerza el fuego y en pocos minutos solo quedaban los rescoldos. De hecho, había muy poco que apagar con la pistola de agua. Podía hacer todo el trabajo con una buena rama con hojas.

Entonces tuve la gran idea: impresionar a Robin, la niña de ocho años que vivía escaleras arriba y con quien estaba encaprichado. Nunca había logrado nada con ella, pero ahora tenía la oportunidad de demostrarle lo rudo y valiente que era.

El plan era sencillo. Yo había visto en las películas que el héroe salvaba a la estrella femenina de un edificio en llamas en el último minuto, o bien la salvaba de una muerte segura a manos de los indios. John Wayne hacía esto muy a menudo. Razoné que esa podría ser una buena manera de impulsar mi relación con Robin. La salvaría de un desastre seguro, ella me lo agradecería para siempre y yo lograría que se fijase en mí.

Conseguí unas tijeras, cuerda y más cerillas y volví a la cochera. Puse las exuberantes ramas verdes en un montón en el exterior. Coloqué los ladrillos para contener el fuego. Llené el círculo de ladrillos con papel y ramitas. Puse las tijeras en un rincón y llené mi pistola con agua. Cuando todo estaba en su lugar, fui a casa a invitar a Robin para que viese una sorpresa que había preparado especialmente para ella.

Robin aceptó ir conmigo para ver su sorpresa. Llevaba ese día un hermoso vestido blanco con volantes y unos curiosos zapatos de Buster Brown. No hablé mucho mientras caminábamos hacia la cochera, pues estaba concentrado en mi misión.

En la cochera, uno de los dos soportes que sostenían la estructura del techo tenía un pequeño banco apoyado en él. Le pedí a Robin que se sentara en el banco y le dije que la iba a atar pero que confiara en mí, ya que no haría los nudos muy apretados y si ella me lo permitía le podría mostrar lo que tenía en mente. Actué con un aire de confianza, como si supiera exactamente lo que estaba haciendo. Lo que, por supuesto, sabía. Robin obedientemente siguió mis instrucciones.

Se sentó en el banco y la até al soporte y también al banco. No había forma de que se escapara sin que yo cortara la cuerda con las tijeras.

Entonces encendí el papel y las ramitas. Al crecer las llamas, tomé el palo que estaba apoyado contra el otro soporte y extendí las llamas por toda la cochera. Pronto había fuego por todas partes. Robin parecía atónita. Cuando las llamas empezaron a llegar cerca de donde ella estaba atada, grité:

—Robin, no te preocupes. Volveré a salvarte.

Corrí fuera de la cochera en busca de las exuberantes ramas verdes. ¡Pero ya no estaban! Alguien se las había llevado. ¿Quizá el camión de la basura?

Corrí dentro de la cochera y vi una expresión aterrorizada en la cara de Robin. En ese mismísimo momento aprendí la verdadera definición de lo que es un sentimiento de urgencia. Robin empezó a llorar y a gritar. Saqué mi pistola de agua pero, al darme cuenta rápidamente de que no iba a resolver el problema, empecé a buscar las tijeras. Pero no las pude encontrar.

Las llamas estaban ya por todas partes. Robin empezó a gritar a todo pulmón y entonces intenté desesperadamente desatar los nudos. No pude desatarlos lo bastante rápido, pero en el proceso finalmente localicé las tijeras, corté las cuerdas y liberé a Robin, que salió disparada de la cochera como una gacela y corrió a su casa. Ciertamente la había salvado de una cremación segura, pero de alguna manera mi plan no salió como yo lo había imaginado.

La cochera se quemó completamente. Y por supuesto me metí en problemas. Y Robin, que no consideró mi acto tan heroico, nunca se me acercó de nuevo. Ni lo hicieron ninguna de sus otras compañeras de juego.

La sensación de urgencia de la que he hablado es más efectiva cuando te das cuenta de que vas a perder algo que podría ser beneficioso para ti. Aquel día me di cuenta de que no iba a perder solo la cochera, sino que había bastantes probabilidades de que también perdiese a Robin.

En las ventas, el concepto de sensación de urgencia involucra dos aspectos emocionales. Uno es la pérdida o la posibilidad de perder algo y el otro es la demora.

Permíteme darte un ejemplo de demora. Has estado convenciendo a Harry, que es tu cliente. Has hecho un buen trabajo. Le has dado toda la lógica y la información que necesita. Has resaltado todas sus objeciones al inicio de tu presentación y después las has solucionado con maestría mientras progresas en la presentación. Has mostrado pasión y respeto, integridad y credibilidad. Harry está asintiendo afirmativamente mientras te preparas para darle la pluma con la que firmar el documento pero en ese momento se detiene, te mira a los ojos y te dice:

—Bueno, déjame pensarlo antes.

Es un hecho comprobado que cuando esto ocurre, hay muchas probabilidades de que el cliente no vaya a comprar. Y las razones son realmente muy lógicas. Primero, con el tiempo, esa excelente presentación de ventas que le diste y que fue recibida tan correctamente por Harry será olvidada. Segundo, si eres tan afortunado que no se le olvida, no tendrá el mismo impacto que tuvo cuando fue presentada por primera vez, y tú sabes el impacto que se necesita para convertir un posible cliente en cliente. El viejo dicho de «santo que no es visto no es adorado» es válido también en un caso como este.

Por lo tanto, para evitar la táctica de demora de Harry, tienes que proporcionarle un incentivo o una razón para comprar ahora. De hecho, si haces bien tu trabajo, el cliente debe sentirse culpable si no compra justamente en ese mismo momento. Y además debes asegurarte de que le permites salvar la cara, para que pueda cambiar su opinión y pasar del «pensarlo bien» a «comprar ahora». Pero ¿cómo lo haces?

Primero, te voy a decir lo que no debes hacer. Has gastado mucho tiempo con Harry y le has convencido. Lo único que no debes hacer ahora es tirar por el suelo tu integridad haciendo una afirmación que no sea verídica, algo como: «Si no compras dentro de los próximos días, el producto se acabará» o algún otro argumento endeble, afirmación no verídica que puede ahuyentar a tu futuro cliente. Así que sé cuidadoso. Lo que digas al final de tu presentación, ya sea una llamada a la acción o para incrementar una sensación de urgencia, debe ser verdad y estar elaborado para mantener la misma integridad manifestada hasta ese momento.

Ahora, ¿qué puedes hacer para crear una sensación de urgencia? Debes también saber que incluso con un buen sentimiento de urgencia, un error fatal podría todavía matar tu venta. ¿Cuál es ese error fatal? Omitir información importante que el comprador necesita para tomar esa decisión de compra. Entonces tendrá una excusa: «Tengo una duda pero si no tiene ahora la respuesta, avíseme cuando la tenga», o una salida por el estilo. En resumen, incluso una gran sensación de urgencia puede ser desperdiciada si dejas fuera alguna información importante en tu presentación de ventas.

Solíamos empezar todas las presentaciones de nuestros nuevos productos con la frase «Precio de introducción nacional». Esto en realidad no significaba nada, pero daba a entender que el precio era temporalmente bajo y que podría subir. La mayoría de los precios de introducción lo hacen. Sin embargo, en ese momento, los precios de las calculadoras y de los productos electrónicos siempre bajaban rápidamente, por lo que terminamos abandonando dicha frase. La cantidad de posibilidades está limitada solo por tu imaginación. Las afirmaciones para crear una sensación de urgencia deben siempre ir al final de tu presentación de ventas. Y es en ese punto donde la sensación de urgencia se une con otros conceptos, que deben considerarse juntos.

Asegúrate siempre de que haya una sensación de urgencia en tu presentación de ventas, para que así el cliente no se vaya sin hacer la compra. Si sales sin la venta o sin un compromiso positivo, tus oportunidades de cerrarla, en la mayoría de los casos son muy pequeñas. ¿Qué puedes hacer para crear una sensación de urgencia? Hay muchas posibilidades.

Puedes decir: «Sé que su competidor está ahora instalando el mismo equipo. ¿Qué puedo hacer para ayudarlo a tomar esa decisión ahora?».

O bien: «Oiga, me han dicho que nuestra fecha límite para recibir órdenes es hoy. ¿Hay algo que pueda hacer personalmente para convencerlo de que mi producto es perfecto para su compañía?».

Cuando en 1959 estaba en Nueva York estudiando todo libro sobre ventas que llegaba a mis manos, me encontré uno de Elmer Wheeler titulado *Vendiendo peligrosamente*. Nunca olvidaré ese libro por su sencilla pero poderosa exposición.

Wheeler reconocía que, si has llegado a un punto en el que tu futuro cliente dice «déjame pensarlo» o «déjame discutirlo con mi socio», hay muchas probabilidades de que hayas perdido la venta. Por lo tanto, razonaba que no tienes nada que perder si intentas algo audaz y casi peligroso para salvar dicha venta, incluso si esto implica la posibilidad de que te saquen a patadas de la oficina del cliente.

Uno de sus relatos era acerca del vendedor que falló en venderle a su cliente y finalmente, cuando la presentación tocaba a su fin, le dijo:

—Mire, obviamente he fallado en convencerlo de la importancia de comprar ahora. Sé que su tiempo es valioso, así que permítame pagarle su tiempo. Permítame darle 200 dólares, que me proporcionarán al menos quince minutos más, para convencerlo de por qué debe comprar mi producto ahora.

Había otros ejemplos también audaces, como decirle al cliente que quiere ver a su socio antes de tomar una decisión: «¿Ver a su socio? ¿Su socio no confía en las decisiones que usted toma?».

Una excusa común es que el otro cónyuge debe aprobar una compra. Esta es una táctica dilatoria muy común. Wheeler comenta la ocasión en que un vendedor, mientras intentaba venderle a un ama de casa una plancha, obtuvo la muy usual respuesta:

—Bueno, permítame discutirlo con mi esposo.

El vendedor replicó:

—¿Qué día de la semana lava su esposo?

La mujer, desconcertada, le dijo al vendedor que ella era quien lavaba siempre, a lo que él replicó:

—Entonces son su cabeza y su espalda las que duelen el día de lavado, no las de su esposo. —El vendedor dejó que estos comentarios penetrasen y después murmuró en un tono confidencial—: Su esposo nunca discute con usted las cosas que le ahorran trabajo a su cabeza y su espalda en la oficina, ¿o sí?

Es decisivo no aceptar una táctica dilatoria. Deberás crear una sensación de urgencia que tenga sentido para el tipo de producto que estés vendiendo.

He visto cómo agentes inmobiliarios han intentado venderme un costoso pedazo de terreno sin usar la sensación de urgencia. Después admitieron que fue por respeto a mí, por ser una persona conocedora de las ventas que se podría ofender por un uso descarado de esta técnica. Pero hay muchas formas de obtener una sensación de urgencia sin parecer descarado. Por ejemplo: «Señor Sugarman, las propiedades como esta se venden muy rápidamente y yo quería mostrarle a usted este terreno antes de presentárselo a nadie más».

No hay excusa para no considerar al menos una sensación de urgencia en cada presentación que hagas. Pero asegúrate de usar el fuego como último recurso.

Resorte psicológico 19:

LA SENSACIÓN DE URGENCIA

Capítulo 20

LA MOTONIEVE
QUE PUDO CONMIGO

L a exclusividad o la rareza es un resorte psicológico muy fuerte para el producto adecuado en el momento adecuado. El concepto básico es hacer que el futuro cliente sienta que es especial, que tú realmente estás permitiéndole comprar un producto que poca gente puede obtener, independientemente de su precio.

El atractivo emocional de este enfoque es bastante fuerte. A todos nos gusta sentirnos especiales. La mayoría desearíamos pertenecer a un raro grupo que posea un producto que solo unas cuantas personas pueden poseer y gozar (como señalé en el capítulo 17).

Al limitar la cantidad producida, a algunas compañías se les ha ocurrido un fortísimo atractivo para los consumidores. La Franklin Mint –que es un negocio multimillonario– está basada en la premisa de la edición limitada, primero con monedas y posteriormente con todo, desde platos y tazas hasta modelos de coches y colas de aviones. Cualquier cosa que se pueda coleccionar y que sea de producción limitada es adecuada para esta empresa.

El pensamiento subyacente a la edición limitada es también incrementar el valor. Cuando la gente colecciona objetos, estos ganan valor si otros empiezan a coleccionar también los mismos objetos, pues entonces se crea una demanda. Pronto los coleccionistas llaman la atención del mercado, y eso atrae aún más coleccionistas. Eso implica que el valor de las colecciones realmente empiece a crecer.

He investigado por Internet, he estudiado revistas para coleccionistas y he puesto anuncios, pero hasta la fecha no he encontrado a nadie que coleccione colas de avión. Así que, obviamente, este es uno de esos pocos ejemplos que no incrementan su valor. O quizá lo hará. Con frecuencia pensaba, cuando las estaba coleccionando, que yo era el único que lo hacía y que la gente de Franklin Mint había hecho esa colección solo para mí. Si alguien más tiene esta colección, por favor que me llame. Gracias.

Los coleccionables con menor cantidad en circulación incrementan aún más su valor. De vez en cuando leemos la historia de alguien que ha descubierto una vieja peineta en el ático y que resulta valer una pequeña fortuna. ¡Oye! Incluso las colas de avión de plata podrían ser uno de esos objetos.

Sin embargo, hay cosas que cumplen con todos los parámetros de ser limitadas y exclusivas pero nunca crecen mucho en valor. Por ejemplo, los coches. Si se producen muchos coches «de edición limitada», su valor tarda mucho en crecer. Sin embargo, hay Ferraris de los años sesenta tremendamente apreciados, porque se hicieron muy pocos y tienen muchos incondicionales entre los adinerados entusiastas de los coches.

El poder de la exclusividad llegó a mi casa en octubre del año 1980, en Minocqua (Wisconsin). Fue justo después de haber impartido uno de mis seminarios.

Siempre que impartía un seminario durante el invierno, tenía seis motonieves disponibles para mis alumnos durante sus descansos, para su entretenimiento. Conducir una motonieve es muy divertido y a todos les encantaba hacerlo. Pero un día, el presidente de Mattel Electronics, Jeff Rochles, se rompió un brazo en un accidente con uno de aquellos vehículos. Y eso terminó con nuestro programa de motonieves.

Ahora tenía seis motonieves en mi cochera, sin nadie que las usara aparte de los pocos amigos que me visitaban de vez en cuando. Por curiosidad, un día fui a la tienda local de motonieves, donde había comprado las seis que ya poseía. Obviamente, no necesitaba más, pero quería ver qué pequeñas mejoras se les habían añadido a los nuevos modelos.

Entré en la tienda y le pregunté al vendedor:

—Hola Paul, ¿qué hay de nuevo este año?

Paul me llevó ante una motonieve que estaba colocada en un pequeño pedestal y me dijo, señalándola:

—Este bebé es nuestro nuevo modelo, refrigerado por aceite, que llega a alcanzar los ciento setenta kilometros por hora y se vende en 2.600 dólares.

En aquellos tiempos, una motonieve costaba menos de 1.000 dólares y su velocidad tope era de alrededor de setenta kilómetros por hora, así que ese nuevo modelo era obviamente especial. Pero con independencia de lo especial que pudiera ser, yo ya tenía seis y ciertamente no necesitaba más. Miré a Paul y le dije:

—¿Quién podría querer una motonieve que puede alcanzar los ciento setenta kilometros por hora y que cuesta 2.600 dólares? ¡Qué ridículo!

Paul tragó saliva.

—Bueno, este año solo se van a vender seis en todo el estado. Únicamente nos mandaron dos y ya tenemos vendida una.

Entonces rápidamente dije:

—Me llevo esta.

Sí, terminé comprándola. Deseaba ser uno de los pocos que poseían aquella nueva, poderosa y exclusiva máquina. Quería sentir que era parte de un grupo único, que era especial. Aunque no necesitaba más motonieves, mis emociones se impusieron y terminé comprándola.

Fue este incidente el que me hizo darme cuenta del poder de la exclusividad. ¿Cómo podemos usarlo en el proceso de ventas? Sencillamente haciendo que tu venta parezca algo único, usualmente limitando la cantidad producida y después haciendo que esto lo sepa tu futuro cliente. Hacer exclusivo un producto crea una mayor demanda.

Por ejemplo, si estuviera vendiendo un Oldsmobile Aurora, mencionaría que se han fabricado muy pocos en comparación con el Chevy, e incluso citaría cifras. Crearía la impresión en la mente del futuro cliente de que está obteniendo un coche especial.

Si estuviera vendiendo un libro que no haya sido impreso en una cantidad sustancial, podría numerar cada ejemplar y hacer que el autor los firmara. El autógrafo convierte al libro en algo especial para el comprador. El hecho de numerarlos hace que quede claro que se trata de una cantidad limitada.

Autografiar algo eleva su valor. Hace al producto firmado único y especial. Cuanto más famoso seas, más valioso es tu nombre y más valiosa tu firma.

Usa tu imaginación e inventa una docena de formas en las que puedas hacer tu producto más exclusivo, único o raro. Puedes limitar cantidades, firmarlos y numerarlos o producir menos. Luego, comparte esa información con tu futuro cliente. A todos nos gusta ser tratados como especiales, y una de las mejores formas de hacerlo, emocionalmente, es a través del poder de la exclusividad.

Resorte psicológico 20:

LA EXCLUSIVIDAD

Capítulo 21

MANTENLO SIMPLE Y SENCILLO

Hay un axioma que muy poca gente parece seguir en la mercadotecnia, que dice: «Mantenlo simple y sencillo». No es que tu audiencia sea tonta o que le vayas a hablar con aires de superioridad a tu futuro cliente, sino únicamente que quieres que tu mensaje sea básico y sin complicaciones, es decir, que no haga falta mucho para entenderlo.

La sencillez es probablemente uno de los resortes psicológicos más importantes; sin embargo, parece ser de los más olvidados. Procura que todo sea lo más simple posible. Debes hacer que tu charla de ventas sea sencilla, que tu producto sea sencillo y, lo más importante, que tu oferta sea sencilla.

Esto no significa que aliente a mis alumnos a redactar textos publicitarios tan simples que los pueda leer un niño de seis años. No es eso a lo que me refiero. El texto publicitario debe ser leído por la gente más instruida y también por los menos cultos y todos deben entenderlo claramente. No es buen estilo redactar «por arriba» ni «por debajo» de nadie. El uso de ciertas palabras para impresionar es como hablarle a alguien con aires de superioridad. Si tratas de impresionar

145

con el uso de ese tipo de palabras, quien no esté familiarizado con ellas se perderá. Usa expresiones sencillas, fáciles de entender. Las palabras son imágenes emocionales y cada una de ellas tiene un impacto, a veces mayor de lo que pensamos. El uso de palabras sencillas produce el impacto más grande. Aquellas que todos pueden entender tienen un efecto mayor que aquellas con las que la mayoría de la gente tiene dificultades. Esto puede parecer muy evidente pero los amantes de las palabras rebuscadas tal vez dirán: «Es que quiero cuidar mi imagen». Bueno, pero en realidad no estarás cuidando tu imagen y además vas a perder muchas ventas.

Si tienes tendencia a complicar las cosas, no vas a triunfar en la redacción de textos publicitarios. Probablemente tampoco tendrás mucho éxito en la venta personal.

Me gusta decirles a mis alumnos que se enfoquen. Enfócate en lo que estás tratando de lograr y elimina lo que o bien complica tu presentación o bien no es necesario.

Un buen ejemplo de cómo funciona la sencillez en la respuesta directa es lo que me sucedió con Raphel Murray, un querido amigo y gran orador. Él estaba en contacto con la gente que desarrolló el reloj del ejército suizo y se preguntaba si yo estaría interesado en comercializar dicho producto en Estados Unidos. Sí. Estaba interesado. Finalmente se concertó una reunión en la cual yo iba a revisar la línea de relojes.

En la junta me presentaron tres estilos y tres colores, esto es, un total de nueve relojes diferentes. Uno era para hombre, el segundo para mujer y el tercero para niño. Los colores eran negro, rojo y caqui. Examiné los relojes, me contaron su historia y en general llegué a saber bastante sobre ellos. Después vinieron las preguntas importantes.

—Señor Sugarman, ahora que ya ha examinado los relojes, díganos, ¿qué opina?

Miré los relojes, pensé unos cuantos minutos y respondí:

—Me gustaría, a modo de prueba, anunciar en *The Wall Street Journal* el modelo negro, para hombre.

Los ejecutivos de la compañía suiza se quedaron perplejos.

—¿Porqué no ofrecer todos los estilos? Imagínese a cuánta más gente llegará si ofrece nueve estilos diferentes. Además de los hombres, llegará a las mujeres y los niños, y a todos ellos les dará la opción de elegir entre tres colores».

Les dije que en mi experiencia, mantener la oferta sencilla era el mejor enfoque y que ofrecer demasiadas opciones era hacer algo muy peligroso.

Pero independientemente de lo que les dijera, ellos no estaban de acuerdo.

—La lógica dice, señor Sugarman, que el hecho de ofrecer más de una opción resultará en más ventas.

Yo sabía, por mi experiencia, que la lógica no funcionaría, por lo que se me ocurrió una idea para demostrarles que estaba en lo correcto. Ofrecí publicar dos anuncios separados en lo que se llama una «partición A/B», es decir, los anuncios serían entregados en las mismas zonas y al mismo tiempo, de tal forma que una casa recibiría la versión A del anuncio y el vecino de al lado tendría la versión B. Esta es una muy buena forma de probar dos diferentes anuncios para averiguar qué enfoque es mejor.

Ofrecí hacer la prueba y publicar los dos anuncios con textos y gráficos casi idénticos. En el anuncio A, mostraba el reloj de hombre y el reloj de niño para que se viera la diferencia de tamaño y ofrecía los nueve modelos, mientras que cn el anuncio B, mostraba solo el reloj de hombre y no hablaba de ningún otro modelo.

Cuando se publicaron los anuncios, el que solo incluía el modelo de hombre superó a la otra versión (con nueve modelos) en la sorprendente proporción de tres a uno. En resumen, por cada reloj que vendimos a través del anuncio con los nueve estilos, vendimos tres mediante el que presentaba solo el reloj negro.

Darle al consumidor un torrente confuso de opciones significa desconcertarlo y hacer que no compre. De esta forma se ve obligado a tener que elegir, y con frecuencia esto no es tan fácil. Usualmente eres tú quien debe hacer la elección por el comprador, seleccionando el mejor modelo o el mejor estilo y presentándoselo como un artículo único. De hecho, al cliente le gusta más así y aprecia que lo hagas.

En mis anuncios de venta por correo doy a entender lo siguiente: «He visto todos los productos en esta categoría y personalmente he seleccionado este, ya que es el mejor por su calidad, sus características y su precio». Mis clientes no tienen que salir a hacer comparaciones, no necesitan llamar al gurú de la electrónica del vecindario, no; confían en nosotros y agradecen que hayamos seleccionado este producto entre todos los demás por ser el más adecuado para ellos.

¿Cuándo mostraría los nueve relojes? Después, en mi catálogo o una vez que la persona se haya convertido en cliente. Una vez que hubiese localizado a aquella gente interesada en relojes del ejército suizo y les hubiese vendido uno, les mostraría los nueve modelos en mi catálogo. Cuando mi catálogo llegara al cliente, este habría sido ya calificado como comprador de relojes. Entonces es cuando podría ofrecerle una selección más amplia.

Otro buen ejemplo del poder de la sencillez ocurrió durante la producción de un anuncio de media hora para televisión sobre un producto que reducía las arrugas y mejoraba la piel, llamado Miracell, y que era realmente revolucionario. Lo estuve tomando durante unos meses y noté resultados espectaculares. Hicimos dos estudios doble ciego que comprobaron que el producto realmente funcionaba. Pero había un problema importante.

Para que los resultados fueran más rápidos, tenías que tomar dos píldoras al día durante los tres primeros meses y después reducir la dosis a una píldora diaria.

Esto violaba mi principio de sencillez y me preocupaba mucho que el consumidor fuera a confundirse. Estaba haciendo las cosas al revés. Las píldoras costarían el doble durante tres meses y después la mitad a partir del cuarto mes. Era demasiado confuso. Así que hice dos cosas para asegurar el éxito de este anuncio. Lo primero fue hacer que el anfitrión verificara las dosis y dijera cómo funcionaba el programa, incluso después de que yo ya lo había explicado. Dedicamos casi tres minutos a explicar la complicada oferta, para resolver todas las dudas por anticipado.

Lo segundo que hice fue cambiar toda esa parte y dejar una oferta muy sencilla: «Miracell cuesta veinticinco dólares por caja y una caja dura un mes». Eso era todo. Era muy sencillo y muy fácil de entender. Sabía que si la segunda versión del anuncio funcionaba y la complicada no, tendría que proporcionarles a mis clientes dos cajas durante los tres primeros meses, una de ellas pagándola yo.

Por supuesto, después de las pruebas, la versión que funcionó fue la sencilla; superó a la primera por un porcentaje enorme. Terminamos regalando una gran cantidad de producto con el fin de mantener sencilla la oferta y hacer también sencillo el programa.

La sencillez en la respuesta directa es decisiva. Y también en todo tipo de venta. Siempre haz sencilla tu oferta. Sólo cuando la persona se haya convertido en cliente tuyo, podrás presentarle ofertas y productos más complicados. Y recuerda que mientras más sencilla sea tu oferta, más grandes son tus oportunidades de lograr la venta.

Un vendedor efectivo es el que le dice a sus clientes lo que deben comprar. Este vendedor estrecha las opciones, haciéndole al cliente más fácil la elección, y se esfuerza por mantener todo el proceso de venta simple y fácil. Este debe ser uno de los roles principales del vendedor. Se trata simplemente de hacer tu oferta tan sencilla que el cliente tenga pocas opciones aparte de aceptarla.

Los mayores problemas que he visto en las ventas en general son siempre consecuencia de que la oferta es mucho más complicada de lo que necesita ser. Simplifica tu oferta. Haz que sea tan fácil comprar que el futuro cliente solo tenga que firmar en la línea de puntos. Así es como lograrás el éxito en la venta.

Resorte psicológico 21:

LA SENCILLEZ

Capítulo 22

CÓMO GANARSE LA VIDA CON EL SOBORNO LEGAL

¿Has recibido alguna vez correspondencia de instituciones de caridad que incluye un pequeño regalo? Los regalos son por lo regular etiquetas con tu dirección, estampas coloridas o algún detalle muy barato. ¿Y esas encuestas con las que mandan un billete de un dólar o un sobre de respuesta con el sello ya puesto?

En ambos casos puedes haber experimentado una ligera sensación de culpa. Después de todo, has recibido algo de valor y te sientes en la obligación de hacer algo a cambio, algo como enviar un donativo o responder a la encuesta.

La correspondencia de *The Publishers Clearing House Sweepstakes* es otro ejemplo de comercialización directa y de publicidad que se basa en el sentimiento de culpa para impulsar sus ventas. Esta gente descubrió que mientras más cosas envíen, la gente menos las tira y más culpables se sienten si no responden.

La repetición también crea culpa. Continúa enviando correspondencia a alguien y después de un tiempo la persona se sentirá culpable de no haber respondido. Usé la técnica de la repetición cuando vendía para una compañía llamada *TeleSki International*. Cada semana mandaba correspondencia con un pequeño regalo incluido. Unas veces era un botón con un lema, otras algo fuera de lo común y otras un dispositivo de involucramiento. Después de un tiempo, muchos de los destinatarios se sintieron culpables y finalmente respondieron. Algunos incluso se disculparon por no haber respondido antes. Combiné la repetición con mandar algo de valor a fin de lograr un sentimiento de culpa.

¿Recuerdas el maravilloso ejemplo de mi colección de colas de avión y de lo que me sucedió cuando recibí de la Franklin Mint un precioso armario de nogal hecho a mano? Me sentí tan culpable por haber recibido aquel costoso mueble que tuve que hacer algo para mostrar mi agradecimiento. Así que continué coleccionando las colas de avión a pesar de que era la cosa más estúpida, más boba e intelectualmente más deficiente que cualquier ser humano haría. Y no soy estúpido, bobo ni deficiente.

Estos son algunos ejemplos del uso del sentimiento de culpa, o como también se le podría llamar, de la reciprocidad. La idea es que si te doy algo primero, sentirás la necesidad de corresponder.

Pero ¿cómo usamos esta técnica en una situación de ventas? Sencillamente dándole algo al futuro cliente para crear un sentimiento de obligación. El cliente siente entonces que te debe algo, y ese algo con frecuencia es un pedido de tu producto o de tu servicio.

¿Cómo usas esta valiosa herramienta en una situación de venta personal? Ofreciéndole al futuro cliente un pequeño obsequio o un artículo de regalo. Él te corresponderá con una mayor voluntad de comprar. El obsequio puede ser sencillamente invitarlo a almorzar o a cenar, llevarle algo cuando lo visitas, mandarle artículos de periódico que le puedan interesar o incluso simplemente mantenerte en comunicación con él; todas estas son formas de crear una sensación de obligación que en respuesta creará el consiguiente sentimiento de culpa y provocará alguna forma de reciprocidad. Por esto Wal-Mart no permite que sus compradores salgan a almorzar o a cenar con vendedores, a menos que sea Wal-Mart el que pague la comida. Esta empresa sencillamente no quiere que sus compradores se sientan culpables o piensen que tienen que corresponderle de algún modo a ningún vendedor.

Muchas compañías tienen políticas específicas prohibiéndoles a sus empleados aceptar obsequios, incluso por Navidad. Se emiten cartas a los proveedores en las que se les advierte acerca de esta política y si se les entregan obsequios; se da parte, el que lo mandó recibe una advertencia y el regalo se entrega a alguna institución de caridad.

Incluso en el Congreso, los requerimientos de ética se han intensificado. Recientemente una caja de vino por un valor de 300 dólares para el exsecretario de Agricultura fue considerado como soborno, y el exsecretario fue censurado.

Algunos obsequios son muy generosos. En política, son una forma de vida. De hecho, la reciprocidad engrasa las ruedas de la política. Irónicamente, esta es un área donde los obsequios son legales, pero solo dentro de ciertos límites. Incluso las leyes que los regulan tienen resquicios, ya que hay grandes obsequios descarados que se dan a cambio de favores especiales.

Habrá que tener en cuenta siempre la ética y la moral, para saber qué es lo que un vendedor puede regalar a su futuro cliente sin que parezca soborno. Sin embargo, hay muchas formas creativas de dar algo para estimular ese sentimiento de culpa y de reciprocidad subconsciente sin llegar al soborno. Algunas de ellas incluso son gratuitas.

Por ejemplo, Internet puede suministrar muchas de esas oportunidades gratuitas. Podrías mandarle a un futuro cliente un chiste cada semana para hacerle el día más agradable. Nada de mensajes de ventas, solo un simple chiste cada semana a la dirección de su correo electrónico y pronto tendrás un futuro cliente agradecido, prácticamente sin coste alguno. O puedes incluso enviarle artículos que puedan ser de interés para él, a fin de mantenerlo actualizado y al mismo tiempo en deuda contigo, por tu ayuda y tu consideración.

En una ocasión en que necesitaba una maleta fui a *Marshall Fields*, una cadena de grandes almacenes en la zona de Chicago. Me dirigí al departamento de equipajes y examiné varias maletas hasta llegar a una que me gustó particularmente. Tenía una hechura especial que permitía guardar un traje de una forma muy eficiente sin provocarle demasiadas arrugas.

El vendedor se aproximó a mí y me preguntó si podría ser de alguna ayuda, y ciertamente yo quería hacerle una pregunta:

—¿Me podría decir cómo se coloca un traje en este compartimento de la maleta?

El vendedor empezó a mostrarme dónde y cómo debería ir el traje pero de pronto dijo:

—La mejor manera de mostrarle esto es hacerlo con mi chaqueta.

Así que se arrodilló en el suelo, abrió la maleta, se quitó su propia chaqueta, la dobló y la colocó en el compartimento, mostrándome exactamente cómo se hacía. Hizo un esfuerzo tan importante para responder mi pregunta que me sentí impulsado a comprar. Gracias a su esfuerzo extra, creó en mí un sentimiento de culpa y de reciprocidad.

Hay muchas formas creativas de inculcar un sentimiento de culpa en tu futuro cliente. Verás que la venta es bastante más fácil si engrasas el camino con este poderoso resorte psicológico.

Resorte psicológico 22:

EL SENTIMIENTO DE CULPA

Capítulo 23

LA RETENCIÓN ANAL ES VITAL

Es muy importante que seas concreto y preciso en tus explicaciones y en tus afirmaciones, en parte porque ello puede afectar a tu credibilidad. Te voy a dar un ejemplo. Si digo: «Todos los nuevos dentistas usan y recomiendan la pasta dental CapSnap», suena como la típica jerga publicitaria, simple parloteo diseñado para vender un producto. Es tan general que probablemente hará que el futuro cliente deseche la afirmación que acabas de hacer y quizá todo lo demás que digas. Pero si aseguro: «El 92% de los nuevos dentistas usan y recomiendan la pasta dental CapSnap», suena mucho más creíble. El consumidor probablemente pensará que hicimos una encuesta científica y que un 92% de los dentistas realmente usa ese dentífrico.

Cuando la gente percibe ciertas afirmaciones generales como parloteo típico de la publicidad, esas afirmaciones son, en el mejor de los casos, ignoradas o aceptadas con muchas dudas. En contraste, las que se basan en hechos específicos pueden generar una gran credibilidad. Por supuesto, esos hechos específicos deben ser precisos y verídicos.

En una ocasión redacté un anuncio para una empresa que yo mismo había creado llamada Battram Galleries —una compañía de objetos coleccionables—. En él declaraba el coste exacto de publicar el anuncio y el coste exacto del producto. Demostraba claramente con cifras concretas que no estábamos obteniendo ninguna ganancia con aquella oferta. Tuvo tanto éxito que recibimos más suscripciones de las que podíamos admitir.

En mis anuncios de *BluBlocker*, declaro las razones concretas por las que la luz ultravioleta no es buena para los ojos. Explico que esta luz se enfoca frente a la retina (que es la pantalla de enfoque del ojo) y no en la propia retina como lo hacen los otros colores. Por ello al bloquear la luz ultravioleta, bloqueas esos rayos que no se enfocan en tu retina, y por lo tanto los objetos aparecen más claros, más precisos y más definidos. La explicación es clara y concisa. Suena creíble. Y es mucho mejor que solo decir: «Las gafas *BluBlocker* le hacen ver más claro y con mayor definición».

Si estás describiendo un producto que tiene que ver con el sistema circulatorio, puedes hablar de los «trescientos ochenta kilómetros de vasos sanguíneos que recorren el cuerpo», en lugar de «los muchos kilómetros de vasos sanguíneos». Si hablas de los pies, en lugar de decir: «Existen muchas terminaciones nerviosas en la planta de los pies», puedes expresar: «En la planta de sus pies hay setenta y dos mil terminaciones nerviosas». Estás exponiendo un hecho y estás siendo específico y concreto, en lugar de hacer una afirmación general o vaga. Actuando así eres más creíble. Tienes más credibilidad.

Un beneficio adicional de ser específico es que suenas como un experto en tu producto, das a entender que has estado investigándolo y que conoces el tema a fondo. Esto también crea confianza y fiabilidad.

La gente en general es muy escéptica acerca de la publicidad y a menudo no cree muchas de las afirmaciones contenidas en los anuncios. Pero cuando haces una afirmación concreta y específica, usando hechos y cifras exactos, tu mensaje es mucho más creíble y crea confianza.

Utilizando este conocimiento harás más efectivas tus presentaciones de ventas. Dar datos concretos en lugar de generalidades y hechos en lugar de aproximaciones incrementará espectacularmente la credibilidad de tu presentación.

Sé específico en tus afirmaciones y en tus hechos, y así aumentará tu credibilidad.

Resorte psicológico 23:

USAR DATOS ESPECÍFICOS Y CONCRETOS

Capítulo 24

LA CONSPIRACIÓN DEL CHICLE

La zona de Kowloon, en Hong Kong, es un lugar emocionante pero extraño. Las fachadas de las tiendas, las hordas de gente, los sonidos y los olores hacen que sea un lugar único y excitante. Es algo diferente. Cuando te encuentras en Kowloon, Estados Unidos parece estar a años luz.

Un día caminaba por una de sus calles, absorbiendo la energía de aquel ambiente y parándome de vez en cuando para mirar una tienda, cuando de pronto, frente a mí, veo a uno de mis proveedores americanos andando por la acera. Qué sorpresa. Qué maravilloso sentimiento ver alguien conocido en un lugar totalmente extraño como Hong Kong.

Aunque antes no había sido tan amigo de aquel proveedor, súbitamente lo sentí cercano. Le pregunté si estaba libre para cenar y acordamos vernos y pasar algún tiempo juntos. Como resultado, terminó vendiéndome bastante más de lo que normalmente le hubiera comprado. El contraste de ver alguien conocido en un entorno totalmente extraño crea una fuerte atracción. Y eso mismo ocurre con la publicidad.

Si alguien está leyendo una revista y ve un anuncio tuyo, algo que ya ha visto muchas veces antes, y reconoce tu logo o el nombre de la compañía, percibe un sentimiento de familiaridad. Es como ver a un amigo en medio de anunciantes extranjeros. Tú eres alguien conocido, y como resultado, el cliente siente una atracción hacia tu oferta, igual que yo me sentí atraído por mi proveedor en Hong Kong.

Si haces la suficiente publicidad, o vendes un producto cuyo nombre sea conocido para el futuro cliente, crearás la misma atracción. Por eso las marcas comerciales son tan importantes; por eso el entorno de la venta es también tan importante.

Cuando aparecí por primera vez en el canal de televisión QVC, vendimos todas nuestras existencias de gafas *BluBlocker* en minutos. Luego, cuando nuestras gafas aparecieron por primera vez en los estantes de la cadena de farmacias Walgreens, se vendieron rápidamente en unos cuantos días. En resumen, nuestro producto era ya conocido por el consumidor. Cada vez que introducimos nuestro producto en un entorno de venta familiar para el consumidor, la combinación del nombre comercial conocido y del entorno también conocido, genera un pronto agotamiento del producto.

Tendemos a confiar en lo conocido. Uno de los más grandes errores que los publicistas tradicionales cometen es abandonar campañas que han estado usando durante largo tiempo porque están ya cansados de ellas. «Vuela por los amigables cielos de United» o «Usted se merece un descanso hoy, en McDonald´s» son dos ejemplos de los muchos que les resultan familiares a los consumidores. La gente incluso cantaba mientras se transmitían. Usualmente, en la publicidad tradicional, el anunciante se cansa del anuncio mucho antes que el público.

En la comercialización directa, la decisión de abandonar un determinado enfoque comercial no es arbitraria. Sigues publicando tu anuncio hasta que el público te diga cuándo debes parar, a través del descenso en las ventas. Sencillamente dejan de llegar pedidos y entonces sustituyes el anuncio por algo que genere más respuesta. La técnica de la comercialización directa te lleva a revisar continuamente o a «ajustar» tu anuncio hasta que funcione mejor. Pero nunca dejas una campaña porque estás cansado de ella. La dejas solo cuando el público ya no intercambia sus dólares duramente ganados por tu producto o tu servicio.

Sin embargo, las agencias tradicionales te dirán algo así como: «Le hemos preguntado a un grupo de control lo que pensaban acerca de nuestro lema y dijeron que estaban cansados de él, así que vamos a quitarlo». Esto es una falacia. No existe ninguna forma real de demostrar la efectividad de un anuncio, salvo como se desarrollaban las ventas. Los grupos de control solo te dirán lo que ellos piensan que tú quieres oír y no cómo actuarían ellos mismos. Si el producto no está vendiéndose, examina la campaña. Y quizá el problema ni siquiera está en la campaña, sino más bien en la competencia o en algún otro elemento de la comercialización.

Hay ciertas palabras que son muy conocidas para la mayoría de la gente y familiares a la conciencia humana. Por ejemplo: si le pides a alguien que te dé una calificación de 1 a 10, lo más probable es que escoja el número 7. Por alguna razón, ese número es escogido más a menudo que cualquier otro. Por lo tanto, al usar el número 7 en el título de un libro, tal como en Los siete secretos del éxito, o Las siete leyes espirituales del éxito, estás utilizando el más común y usual de los primeros diez números enteros; por lo tanto, estarás apelando a algo familiar y te estarás armonizando con el lector.

Pídele a la gente que te nombren un color sin pensar y la mayoría de las veces la respuesta será el rojo. Pídeles un mueble y la respuesta será «silla». Hay palabras comunes que pueden crear una familiaridad muy sutil con el lector. Y hay algunas muy poderosas, como *barato y gratis*. Y luego están las palabras no tan evidentes, aquellas que se relacionan específicamente con tu producto y que tú, como apasionado devoto de él ya conoces de sobra.

¿Cómo puedes usar el poder de lo conocido, de lo familiar, en una presentación de ventas? Primero, hazte reconocer por tu cliente. ¿Recuerdas el vendedor de seguros que visitaba mi casa cuando yo vendía calculadoras? Me visitaba regularmente. Yo estaba familiarizado con él. Y cuando llegó el momento de comprar un seguro, lo conocía lo suficiente como para convertirme en su cliente.

Recibo muchas solicitudes de agentes de la propiedad inmobiliaria. Los que me mandan correspondencia repetidamente son los que más me suenan. Ciertamente, cuando llegó el momento de elegir un agente para vender mi casa, opté por la agencia inmobiliaria que más me sonaba, debido a su frecuente correspondencia.

Por eso los políticos exponen sus nombres por todos los rincones de su circunscripción. Cuanta más gente los conozca, más oportunidades de ganar tendrán.

Otro ejemplo de esto me ocurrió estando en el ejército. Tenía un destino estupendo en una unidad de Inteligencia, en Frankfurt, vestía ropas civiles y hacía casi lo que quería. Pero un día lo arruiné todo. Me fui a Estados Unidos después de decirles a mis superiores que me iba de vacaciones durante diez días.

Al volver descubrí que había perdido mi destino, pues antes de salir de Alemania no había cumplimentado los documentos adecuados, por lo que se me había considerado como ausente sin licencia. Y me mandaron a una pequeña unidad en un pueblo muy alejado llamado Oberursel, de nuevo vistiendo ropa militar, sin poderme mover y sin la posibilidad de ir a ningún sitio.

Durante las siguientes semanas, hice todo lo posible para llamar la atención del comandante general, quien era el encargado de asignar los diferentes trabajos. Por el momento mi función era actuar como guardia en una de las puertas por donde entraban los oficiales. Coloqué en el tablero de anuncios un boletín humorístico, que escribía mientras estaba de guardia. Pronto fue lo primero que todos los oficiales leían cuando llegaban por la mañana, y normalmente se reían. Me preocupé de que quedara perfectamente claro quién escribía aquello.

Posteriormente me di cuenta de que muchos de los hijos de los oficiales pasaban cerca de mi lugar de vigilancia en su camino a la escuela, así que conseguí una caja grande de chicles y cuando pasaban los llamaba para que se acercaran y les daba uno a cada uno, no sin antes advertirles bien:

—Aquí tienes un chicle, pero no le digas a nadie que te lo ha dado el señor Sugarman. Recuerda, el señor Sugarman no te ha dado este chicle.

—Y así cada día.

No pasó mucho tiempo después de la colocación de mi boletín y de mi campaña de chicles para que fuese asignado a un puesto mucho mejor que el que había tenido antes. Cuando pregunté por qué había sido seleccionado, me dijeron:

—Simplemente nos vino tu nombre a la mente.

La tendencia es siempre comprarle a quien ya conocemos. Como vendedor, es muy importante ser consciente de este resorte psicológico, hacer que la persona se sienta cómoda contigo, con tu producto o tu servicio. Así que no dejes de mostrarle tu nombre al futuro cliente. Date cuenta de la importancia de un nombre comercial conocido, de un logo que se vea con frecuencia y que llegue a ser célebre, de un lema que la gente reconozca como tuyo, de frases y palabras con las que tu público pueda armonizarse. Todo eso crea un lazo de familiaridad entre tú y tu futuro cliente.

Resorte psicológico 24:

LO CONOCIDO

Capítulo 25

SEDUCIR AL CLIENTE

Una de las primeras lecciones que aprendí es lo relativo a preparar el ambiente o el entorno de la venta. Ya sea este el salón de una galería o el salón de exhibición de una tienda de coches, debes configurar el entorno físico para que te ayude en tu presentación.

Una vez que hayas captado la atención de tu futuro cliente, el próximo paso será presentarte a ti mismo y decir algo que mantenga su atención y que haga que esté de acuerdo contigo.

Con ello tienes dos objetivos. Primero, al futuro cliente debes agradarle y debe desarrollar confianza en ti. Tiene que creer que conoces muy bien el producto. Segundo, como vendedor, debes relacionar de alguna forma el producto con el futuro cliente y con sus necesidades. Esto está claro. Ha de haber un impacto de armonía entre el comprador y el vendedor, o de lo contrario el persuasivo mensaje de la venta no podrá transmitirse.

En la venta por correo hay muchos métodos para crear esta armonía. Antes que nada, tienes que conseguir que el lector empiece diciendo «sí». Después debes hacer afirmaciones que sean tanto sinceras como creíbles.

Pero imaginemos una típica situación de venta cara a cara, con un vendedor de coches llamado Joe.

—Hermoso día, señor Smith, ¿no le parece? –dice Joe.

El señor Smith responde entonces:

—Sí (realmente es un bello día, la afirmación es verídica, y Joe asiente con la cabeza mientras el futuro cliente responde afirmativamente).

—Veo que mantiene usted su coche muy limpio, ¿no, señor Smith? –señala Joe.

—Sí, así es –responde el señor Smith (en este punto, Joe tiene ya a su posible futuro cliente diciendo «sí» y asintiendo con la cabeza. Le ha hecho un cumplido al señor Smith, lo cual a este le agrada).

—Como veo que usted ya posee un Pontiac y nosotros vendemos Pontiac, probablemente es que necesita otro, verdad? –dice Joe.

—Sí (Joe asiente con la cabeza al hacer esta pregunta tan evidente y el señor Smith, al responder afirmativamente, asiente también).

—¿Quiere que le muestre uno de los últimos modelos, con notables mejoras sobre el que usted ya conoce, o le gustaría ver una versión menos sofisticada? –pregunta Joe.

—Veamos el último modelo –dice el señor Smith (Joe, una vez más, ha conseguido una respuesta positiva que va haciendo progresar el proceso de la venta, y la armonía continúa).

Resumiendo, tienes que hacer que el cliente asienta afirmativamente con la cabeza y esté de acuerdo contigo. Para ello haces afirmaciones verídicas que él sabe que son correctas y es fácil coincidir con ellas. Procura que no disienta de algo de lo que tú dices. Si, por ejemplo, Joe pregunta: «¿Tal vez necesite usted un nuevo Pontiac?» y el cliente responde «no», en ese momento la venta habría tomado un mal rumbo y la armonía se habría perdido. En un anuncio impreso, el lector dejaría de leer y pasaría la página.

En un anuncio impreso, el momento en que el lector piensa «no», «no creo que esto sea verdad» o «no pienso que esto tenga nada que ver conmigo», ya lo has perdido. Pero mientras el lector siga diciendo «sí» o crea que lo que estás diciendo es correcto y continúe estando interesado, estarás armonizando con tu futuro cliente. Ambos estaréis en armonía, moviéndoos hacia una conclusión exitosa de la venta.

Esto también es así en la venta personal, aunque aquí saldrán a la superficie algunos aspectos emocionales. Una buena técnica es hacer una afirmación positiva y finalizarla con una de varias preguntas positivas, de las que yo llamo *cláusulas de asentimiento con la cabeza*. Como verás, en el ejemplo anterior, a cada afirmación del vendedor le sigue una pregunta cuya respuesta del cliente es un «sí».

Finalizar las frases con cláusulas de asentimiento con la cabeza como «¿podría usted?», «¿querría usted?» o «¿verdad?» es lo mejor para obtener del cliente la respuesta que queremos: «sí». Si únicamente digo: «Bello día», puede que no obtenga esa respuesta que deseo. Añadiendo la cláusula «¿no es así?» o «¿no cree usted?», aliento al futuro cliente a responder de forma positiva (si ciertamente el día es bello). Pero ten cuidado, es frecuente abusar de las cláusulas de asentimiento de cabeza y pueden fácilmente parecer parte de la labia usada por los profesionales de la venta. Si el cliente es sofisticado y conoce estas cláusulas, podría sentirse manipulado y en ese caso crearás en él un resentimiento. En la mayoría de las situaciones de venta, las cláusulas de asentimiento con la cabeza te ayudarán, elevando tus probabilidades de obtener la respuesta deseada «sí»; sin embargo, en la publicidad impresa no son tan necesarias y a veces no tienen mucho sentido, ¿no crees?

Lo segundo es lograr agradarle al futuro cliente. En el medio impreso, no puedes ver al vendedor, por lo que son estrictamente las palabras que escribes las que tienen que hacer el trabajo (junto con el diseño del anuncio y la reputación de la compañía). Pero muchos de los mismos principios que funcionan en lo impreso alentarán al futuro cliente a que le agrades en una situación de venta cara a cara. Por ejemplo, la sinceridad, la integridad y la credibilidad son cualidades importantes en el medio impreso y fundamentales en la venta personal. Los cumplidos también ayudan. Deberán ser creíbles, pero el hecho es que cada vez que le haces un cumplido a tu futuro cliente, ello hace que le agrades un poco más y que estés más cerca de cerrar esa venta.

Vestir de forma apropiada es también importante. Ello no significa necesariamente llevar traje y corbata. Significa vestir de manera similar a tu cliente, no demasiado formal ni tampoco demasiado casual. Otro aspecto importante son las palabras que usas. Lo que quieres es que tu cliente te entienda y esté de acuerdo con tus afirmaciones. Si usas un vocabulario que él no entiende o con el que no está relacionado, te distanciarás de él, en lugar de acercarte. La única excepción a esta regla son las palabras que expresen tus conocimientos en un cierto tema y que incrementen tu credibilidad, según expliqué en el capítulo 14.

Si le ofreces al cliente una taza de café, tómate tú también otra. Es una forma de estar de acuerdo. Ambos estaréis asintiendo con la cabeza al mismo tiempo y tomando la misma bebida, vestidos de alguna forma similar. Esto es lo que yo llamo «modelado», coincidir con el comportamiento del cliente a través de un patrón que refleje sus acciones. El modelado establece además un nivel de acuerdo mutuo subconsciente, con las respuestas afirmativas y del lenguaje corporal del asentimiento de cabeza. Mezcla algunos cumplidos, sé respetuoso y honesto, negocia con integridad, y tendrás la fórmula perfecta para el éxito.

El modelado o reflejo se usa incluso en la antigua tradición amatoria llamada tantra. El hombre y la mujer se sientan uno frente al otro y permanecen en total contacto visual. Después, la pareja respira al unísono en perfecta armonía y ritmo. Este simple acto abre los corazones tanto del hombre como de la mujer y los prepara para la comunicación verbal y los actos físicos de hacer el amor. En el proceso de ventas, debes modelarte con tu cliente en todos los niveles para crear simpatía, para abriros mutuamente en un nivel subconsciente para que sea receptivo a tu charla de ventas. Reflejarte en el cliente te ayudará mucho para lograr esto.

El modelado puede ser también útil para establecer un patrón de técnicas efectivas. Por ejemplo, si yo fuera vendedor de coches, trataría de modelar las acciones y las técnicas de quienes han tenido mucho éxito en la venta de coches; por ejemplo, buscaría los libros de Joe Girard, con cifras de venta anuales tan espectaculares que figura en *El Libro Guiness de los*

Records como el mejor vendedor de coches del mundo. Imagínate lo que supone vender dos mil coches, todos ellos a compradores individuales, en solo un año. Y lo hizo durante varios años seguidos. Si tuvieras que vender coches, mi consejo sería que leyeras esos libros y que te modelaras a ti mismo de acuerdo con sus técnicas. Incluso si no vendes coches, yo los leería.

Y lo mismo tiene aplicación en los medios impresos. En mis libros sobre publicidad para venta por correo, hablo de descubrir un formato que alguien más esté usando para vender productos similares a los tuyos y modelar tu enfoque. Por supuesto, aconsejo a mis lectores que sean cuidadosos y procuren no plagiar ni crear un formato demasiado similar al ya establecido, sino que vayan un paso más allá y añadan su sello personal.

Todos hemos usado el modelado desde que éramos niños. Así es como aprendemos. Usualmente modelamos nuestro comportamiento basándonos en alguien que nos agrada o a quien admiramos. Por eso Michael Jordan vende tenis Nike.

Pero el modelado es realmente una forma de estar de acuerdo. Y a fin de cuentas, estar de acuerdo es lo que buscamos. Asegúrate de que todo lo que haces y dices está en perfecto acuerdo con el futuro cliente mientras lenta y casi hipnóticamente te acercas a concluir la venta. Lo que quieres es que tu cliente se mantenga asintiendo con la cabeza y diciendo «sí», todo el tiempo, hasta la pregunta final: «¿Le tomo su pedido?».

Resorte psicológico 25:

EL MODELADO

Capítulo 26

GANAR EL PREMIO MAYOR

La esperanza puede ser un gran motivador en el proceso de compra. Una mujer adquiere una nueva crema facial esperando que elimine sus arrugas. Un golfista apasionado se hace con una nueva pelota de golf esperando que le quite unos cuantos golpes a su juego. En resumen, existe la posibilidad implícita de que el uso de un producto o un servicio proporcione un beneficio futuro. Ese beneficio futuro no está asegurado ni garantizado; es un sueño, una fantasía o, cuando menos, una posibilidad.

En estos casos la esperanza reemplaza a la realidad de un beneficio ya entregado o garantizado, como el que recibes cuando compras otros productos como una radio o un ordenador. Pero espera, incluso en ese tipo de compra hay también esperanza. El comprador espera que el hecho de tener un ordenador le facilitará la vida. La radio se compra con la esperanza de que resolverá un problema específico, y así en casi todos los casos.

Si quieres saber lo poderosa que es la esperanza, sencillamente mira el negocio del juego. Millones de personas se mueren por volar a Las Vegas, dejarse el dinero en los casinos y volar de nuevo a casa con los bolsillos vacíos. El negocio de los casinos es como imprimir dinero. En realidad todo el negocio del juego está construido sobre la esperanza.

Un ejemplo aún más intenso es la lotería Powerball. Recientemente el premio mayor fue de 292 millones de dólares. Aunque las posibilidades de ganar eran de ochenta millones a uno, los consumidores de veinte estados esperaron en largas filas durante horas, con la esperanza de comprar el número afortunado.

Hay productos que la gente compra repetidamente, solo por la esperanza. Por ejemplo, las vitaminas. ¿Puede una persona asegurar que el hecho de tomar vitaminas crea una diferencia en su salud? Sí, algunos pueden. Si entrevistas a un grupo de gente, algunos jurarán que las vitaminas están realmente haciendo efecto. Capta esas afirmaciones positivas en vídeo y después produce un anuncio de televisión mostrando las caras radiantes de la gente que jura que las vitaminas son efectivas, y ya tienes una presentación muy persuasiva.

Los futuros clientes, impresionados con los resultados mostrados en la televisión, empiezan a comprar el producto y continúan comprándolo asiduamente con la esperanza de que también en su caso tenga efecto. El resorte aquí es no hacer una promesa específica, sino insinuar resultados a través de los testimonios de otras personas.

¿Cómo se puede aplicar esto a la venta personal? Algunos productos pueden venderse usando la esperanza como una fuerte herramienta de motivación. Debes averiguar la naturaleza de tu producto y encontrar algo que puedas insinuar acerca de un futuro resultado sin que ello sea una garantía específica.

Muchas categorías de productos se prestan al resorte de la esperanza. Toda la industria de la comida saludable es un buen ejemplo. Esta categoría podría incluir las vitaminas y otros suplementos nutritivos. Bajar tu puntuación de golf, encontrar una nueva relación, evitar las arrugas o impresionar al otro sexo son buenas oportunidades de reconocer el resorte psicológico de la esperanza. Muchos de estos productos se venden a través del sistema multinivel. En este negocio, donde la venta personal es una especie de arte, la esperanza constituye una herramienta muy valiosa.

Pero la esperanza puede también ser usada con algunos de los productos más inusuales. Por ejemplo, un impresor que compra una máquina nueva tiene la esperanza de que le resolverá sus problemas de producción. Así, al vender este tipo de equipo, sencillamente mostrándole al futuro cliente cómo resolverá sus problemas, estarás haciendo que el resorte de la esperanza se convierta en un factor motivador.

En el caso que acabo de mencionar, tendrás que ser muy específico al responder sus preguntas sobre lo rápido que la máquina funcionará o cuántas páginas puede imprimir. Para este propósito le puedes dar la velocidad máxima. El futuro cliente seguramente sabrá que en cualquier máquina de imprimir, la velocidad máxima no es práctica, pero a pesar de ello esperará lograr esa velocidad para resolver sus problemas de impresión.

Un punto importante al crear una presentación de ventas usando el poder de la esperanza es la credibilidad. Si te presentas como una persona creíble, o como una autoridad conocedora que representa a una compañía confiable, lo que digas creará un sentimiento de confianza en tu futuro cliente. Después, lo que digas que tu producto hizo por ti o por tus clientes previos será tomado como una posibilidad real y el poder de la esperanza funcionará, ayudando a que el cliente haga su pedido.

Con cualquier cosa que vendas, si tienes la credibilidad adecuada, automáticamente podrás utilizar el poder de la esperanza, una fuerza muy poderosa que motivará, inspirará,e incluso disparará las ventas.

Resorte psicológico 26:

LA ESPERANZA

Capítulo 27

SEDUCCIÓN DESCARADA EN LA TERCERA FASE

S i tuviera que escoger el factor psicológico más importante que hace tan rentable la comercialización directa hoy en día, ese factor sería la curiosidad. En la venta al detalle, el consumidor puede tocar y sentir el producto y luego decidir. Sin embargo, el que compra por correo no puede hacer eso. El producto puede tener buen aspecto y cumplir exactamente con las expectativas del cliente, y aun así, siempre habrá un nivel de curiosidad que lo hará atractivo. «¿Cómo será?», puede ser el pensamiento típico de este futuro cliente.

Cuando vendía en la televisión las gafas de sol *BluBlocker*, creaba deliberadamente una gran curiosidad. Hacíamos que gente ordinaria que encontrábamos en la calle se probase un par de gafas y yo grababa en vídeo sus reacciones. Algunas de estas reacciones eran grandiosas y cuando luego las presentaba en televisión, los espectadores se preguntaban: «¿Qué se sentirá al mirar a través de esas gafas que están volviendo loco a todo el mundo?».

Nunca tomé la cámara y miré con ella a través de las gafas. Eso hubiera destruido la curiosidad y además no habría dado una imagen verdadera de su funcionamiento (de hecho ,el cerebro se ajusta al cambio de color cuando uno mira a través de los lentes, algo que por supuesto la cámara de televisión no hace). En su lugar, incrementé la curiosidad no mostrando cómo es la visión a través de las gafas. La única forma en que podrías mirar a través de un par de gafas *BluBlocker* era hacer un pedido. Y el público hizo sus pedidos. Vendimos casi ocho millones de pares en una serie de anuncios que se transmitieron por televisión durante seis años y un total de veinte millones en un periodo de diez años.

La curiosidad también funciona muy bien con los libros o con asuntos de propiedad intelectual. Puedes estimular a los futuros clientes diciéndoles lo que encontrarán al leer tu libro. De hecho, el factor motivador más fuerte en la venta editorial es la curiosidad, seguido solo por la notoriedad y la credibilidad.

En la venta por correo, como no puedes tocar ni sentir, la curiosidad es el factor motivador más fuerte,mientras que en la venta personal es la gratificación inmediata. Permíteme explicarte cómo puedes usar este poder con unos cuantos ejemplos sacados de mi experiencia en la venta por correo.

He vendido productos confiando totalmente en el resorte de la curiosidad. En 1973 ofrecí una calculadora de bolsillo sin mostrar jamás una imagen del aparato. Creando una curiosidad apremiante por aquel producto, vendí miles de calculadoras. Por supuesto, el precio era bueno y el producto lo era más, pero el hecho es que sin mostrarlo y sin siquiera mencionar su nombre comercial, fue una venta de mucho éxito.

¿Cómo puedes utilizar el resorte de la curiosidad en la venta de tus productos? Si vendes propiedad intelectual, la curiosidad es el más importante factor motivador, y debes usarla como tu primordial herramienta de ventas. Pero piensa que muchos otros productos también se prestan a ocultar parte de la historia, con el fin de aumentar la curiosidad y crear por ello mayor demanda.

¿Cuántas veces has dicho demasiado o has mostrado demasiado y por ello has perdido el recurso de la curiosidad? No olvides que este puede ser uno de los principales factores motivadores de la venta.

La curiosidad puede ser usada mencionando algunos beneficios del producto al principio del anuncio, diciendo que más adelante ampliarás esa información. De este modo obligas al cliente interesado a leer todo el anuncio.

En la venta personal, el poder de la curiosidad puede emplearse muy efectivamente aludiendo a algo que revelarás después. Esa joya debes guardártela hasta el final de la presentación. Mientras tanto, mantendrá la atención de tu futuro cliente, que ansiosamente esperará saber de qué se trata. Te asombrará el poder que esta técnica tiene para mantener la atención en tu presentación.

Otro ejemplo es un método que yo llamo *semillas de curiosidad*, y lo uso muy a menudo en mis anuncios de venta por correo. Al final de un largo párrafo, para hacer que el lector quiera leer el siguiente termino con una oración muy breve que dice: «Pero hay más». O podría terminar con: «Pero lo que le voy a decir seguidamente es aún más interesante».

En resumen, a través de mi texto, condimento el final de cada párrafo para hacer que el lector continúe leyendo. En una presentación de ventas, puedes usar esta misma técnica para mantener a tu futuro cliente sintonizado y enfocado en tu mensaje. Si no lo haces, puede parecer que está escuchando, pero tal vez esté pensando en otras cosas, en lo que tiene que comprar en el supermercado o en el partido del fin de semana.

Por ejemplo, si estuviera vendiendo equipos para fabricar manivelas de puerta, podría decir: «Y si piensa que lo que he dicho es importante, espere a oír esto». Sazona con bastantes de estas semillas de curiosidad toda tu presentación —pero claro, sin abusar—, y esta será mucho más efectiva.

En el medio impreso, querrás que tu anuncio abarque a la mayor cantidad de gente posible. Es decir, que todos quienes lean tu texto publicitario comprendan su mensaje. Y lo mismo sirve en la venta personal. El hecho de que el cliente parezca que está escuchando tus palabras no quiere decir que comprenda lo que quieres transmitirle. Recurriendo al resorte de la curiosidad incrementarás enormemente la comprensión de tu mensaje.

Además, el uso de un buen estimulante de curiosidad al principio de una presentación mantendrá la atención del cliente lo bastante para llegar al final. ¿Hasta qué nivel es poderosa la curiosidad? Puede incluso lograr que la persona haga algo que normalmente no haría. Te voy a dar un ejemplo.

Un día, estando en mi oficina, recibí una llamada de una joven de voz muy sensual que dijo llamarse Ginger. Inició la conversación así:

—Señor Sugarman, lo amo.

—Yo también la amo, gracias –fue mi respuesta. Aunque al principio me quedé algo desconcertado, pensé que simplemente era una broma.

—No, es en serio –continuó la mujer–. He estado leyendo su publicidad durante los últimos cinco años y amo su mente, amo su proceso mental y amo su personalidad creativa. Creo realmente que puedo decir mucho acerca de usted, basándome en lo que escribe. Creo en usted y en verdad lo amo.

Al principio me quedé muy sorprendido y después me sentí halagado. Antes de recibir aquella llamada, había alguna vez escuchado comentarios en el sentido de que mi personalidad realmente se traslucía en mis textos publicitarios. Y en parte así lo creía.

Si no eres sincero, el lector lo percibe. Si estás escondiendo algo acerca de un producto, sale a la superficie. Si eres muy creativo, también eso se nota. Y la combinación de todas esas impresiones es lo que, en el medio impreso, crea el ambiente de compra.

Si estudias un texto publicitario de otros, podrás sentir cómo son. Te asombrará cómo el texto refleja la personalidad de quien lo redacta. Cualquier redactor publicitario que trabaje para el presidente del consejo de administración de una compañía tratará de reflejar la personalidad de su jefe, en lugar de la suya. En mi compañía soy yo quien redacta todos los textos, por lo que, con certeza, leyéndolos podrás decir mucho acerca de mi personalidad. Pero volvamos con Ginger.

¿Estaba aquella mujer solo adulándome, o sentía un lazo emocional conmigo sin habernos conocido personalmente? ¿Sólo por haber leído mis textos? Ella continuó diciendo:

—Señor Sugarman, usted es el único que puede ayudarme. Necesito su ayuda. Por favor, ¿puedo verlo en privado? Le prometo que se alegrará mucho de conocerme.

Cuando llegó a mi oficina, entendí lo que quiso decir con que me alegraría de conocerla. Era una rubia hermosa, con largas piernas y una minifalda tan corta que me dio vergüenza decirle que se sentara.

—Señor Sugarman, ¿puedo llamarte Joe?

—Claro –contesté, mirando a otro lado mientras ella se sentaba y se ajustaba la falda.

—Joe, quiero ser muy franca contigo. He estado admirando tu redacción publicitaria durante muchos años. No tengo nada que ver con la electrónica ni con los aparatos electrónicos pero gozo tanto leyendo tus anuncios que francamente tengo un lazo emocional contigo. Sé que esto parece muy tonto pero cuando me hallé en dificultades, no pude pensar en nadie más que me pudiera ayudar que no fueras tú. Realmente te necesito. –Hizo una breve pausa, como si estuviera conteniendo las lágrimas, y después siguió–: Tengo un salón de belleza en un centro comercial. Sé que cuando el centro comercial está lleno, un porcentaje de esa gente compra mis cosméticos. También sé que cuando el centro comercial está vacío, entra en mi tienda mucha menos gente. Es decir, mis ventas son casi directamente proporcionales al movimiento registrado por el centro comercial. Joe, deseando ampliar el negocio, decidí ofrecer mis cosméticos por correspondencia directa. Pensé que si enviaba cincuenta mil folletos, obtendría un cierto porcentaje de respuesta y tendría un beneficio. Todo lo que necesitaba era medio punto porcentual para lograr una buena ganancia. Así que invertí todo el dinero que tenía en esos cincuenta mil folletos y les pedí prestado a todos mis amigos. Pero los resultados fueron tan malos que no podía creerlo. Terminé con una décima parte de lo que me hacía falta para cubrir los gastos. Necesito que veas el folleto y que me digas qué está mal en él. Y Joe, si me pudieras ayudar a que esto funcionara, te estaría extremadamente agradecida.

«¿Me está haciendo una proposición a cambio de mi ayuda?», me preguntaba. ¿Era todo esto una estratagema para que le redactara su próximo folleto? Yo era un hombre felizmente casado con dos hijos y además muy ocupado con mi propio negocio. Y sinceramente, no me gustaba la idea de que alguien usara la culpa, el sexo o cualquier otra cosa para incitarme a redactar textos publicitarios. Con algo de reserva, le dije:

—A ver, enséñame ese folleto.

Ginger tomó su bolso, que estaba en el suelo, y al agacharse me enseñó todavía más las piernas. Yo estaba ya convencido de que había venido a mi oficina para seducirme, no había ninguna duda. Tenía la seguridad de que estaba decidida a incitarme a redactar un texto para ella. Pero me preguntaba hasta dónde llegaría. Pronto lo iba a saber.

Sacó el folleto y me lo pasó. Lo examiné durante unos minutos, leí el texto y lo estudié todo. También le pregunté qué lista de destinatarios había usado.

—La de toda la zona del salón de belleza —fue su respuesta.

Miré la redacción y vi muchos problemas. Estaba usando una oferta de venta por correo, aunque su lista no era de clientes que compran por correo sino la de una comunidad de compra al detalle; no era de extrañar que aquello no hubiera funcionado. Incluso el texto estaba muy pobremente redactado. Era una presentación muy mala. No es que tuviera mal aspecto, pero violaba muchos de los principios que uno debe seguir para hacer un envío de venta directa con posibilidades de éxito. Le dije que la presentación no era muy buena y que no me sorprendía que aquello hubiera funcionado tan mal.

A menos que los destinatarios lean todo el texto, no podría funcionar, independientemente de cuántas cartas se enviaran. Por supuesto, también había usado una lista de destinatarios equivocada, lo cual tampoco ayudaba.

Después de que le expliqué a Ginger los problemas de su folleto y de su lista de destinatarios, resalté otro hecho muy importante acerca de la publicidad de respuesta directa:

—No se debe gastar esa cantidad de dinero sin pruebas. Ese es también uno de tus problemas. Mandaste la correspondencia a una lista demasiado grande. Podrías haber escogido solo cinco mil nombres en lugar de cincuenta mil; en ese caso habrías sabido si la campaña tendría éxito, sin arriesgar demasiado dinero.

Terminé de hablar y hubo una corta pausa. Me miró directamente a los ojos y me dijo:

—¿Me puedes ayudar? Quiero decir, realmente ayudarme. Decirme cómo redactar el texto, ayudarme a escoger la lista adecuada y guiarme como mi mentor personal.

Como ya estaba un poco molesto por la forma en que utilizaba el sexo y la culpabilidad para inducirme a ayudarla, respondí:

—Ginger, realmente no tengo tiempo. Además, voy a empezar un seminario en los bosques del norte de Wisconsin al que asistirán veinte personas. Simplemente no tengo tiempo para ayudarte de forma individual.

Lo que me susurró Ginger después me tomó totalmente por sorpresa. De hecho, en muy pocas ocasiones en mi vida me he quedado completamente sin habla. Pero espera. Este es un libro sobre resortes psicológicos y no sobre los secretos que ocurren tras la puerta de los ejecutivos de comercialización directa percibidos por hermosas ejecutivas de cosméticos como la respuesta a sus sueños. «¡Oh, diantre! —dirás—. ¿Por qué no termina la dichosa historia y nos dice lo que pasó?».

Bueno, lo haré. Pero no aquí. Quiero que continúes ininterrumpidamente con mi línea de pensamiento sobre el proceso de ventas y sobre cómo los resortes psicológicos pueden ayudarte a lograr esa venta tan importante; por ello he dedicado el Anexo C, en la página 207, a contarte el resto de este episodio, que realmente tuvo lugar en mi oficina y que podría fácilmente ser parte de una novela muy candente.

Quiero que entiendas el concepto de la curiosidad, que veas cómo afecta a la comercialización directa y que pienses en las formas de usarla en una presentación de ventas personal.

Es muy común que el personal de ventas revele demasiado, dejando muy poco para estimular la curiosidad. Con el equilibrio adecuado, las semillas de curiosidad y algo que entregar al final de tu presentación, podrás utilizar el poderoso resorte de la curiosidad para forzar al cliente a hacer algo que normalmente no haría y de este modo cerrar tu gran venta.

Resorte psicológico 27:

LA CURIOSIDAD

Capítulo 28

SPLISH SPLASH,
ESTOY TOMANDO UN BAÑO

Una de las lecciones que enseñaba en mis seminarios era algo que aprendí de Bobby Darin, un cantante popular de los años cincuenta. En realidad es el relato de cómo llegó a ser famoso. Darin era un joven cantante de Nueva York que durante mucho tiempo trató de irrumpir sin éxito en el negocio de la música. Iba de una compañía de discos a otra intentando convencerlos de que hicieran un álbum suyo, cantando canciones populares pero antiguas.

Y siempre era rechazado. Primero, nadie creía que el mundo de la música aceptaría viejas tonadas *pop* cantadas por un joven desconocido. Segundo, la música candente en ese tiempo era el *rock and roll* cantado por artistas negros, llamado entonces el sonido Motown.

Darin estaba muy frustrado, así que tomó las riendas. ¿Editó su propio álbum por sí mismo? No. ¿Convenció a una compañía para que lo grabara? Sí, pero no en la forma en que podrías pensar. Sencillamente se sentó y escribió una tonada que encajara o armonizara con lo que el público estaba comprando en ese momento.

La tonada que escribió se llamaba *Splish Splash* y la letra empezaba así: «*Splish Splash, I was taking a bath/Round about a saturday night*». Y así continuaba, contando lo que sucedía cuando se estaba bañando. La canción era puro *rock and roll Motown* por lo que fácilmente vendió aquella música a una compañía de discos, que la grabó con Darin cantando dicho tema. *Splish Splash* se convirtió en un gran éxito y vendió millones de discos. En la grabación incluso sonaba como un cantante negro de Motown.

Darin reconoció lo que el mercado quería y lo que estaba comprando en el momento y creó algo que armonizara perfectamente con ese mercado, a pesar de que aquello estaba lejos de la música que tenía en su corazón. Hizo a un lado sus deseos, hizo a un lado su ego y logró editar un disco que se vendiera y le ganara el reconocimiento que necesitaba para luego poder grabar el tipo de música que realmente él quería grabar.

Pero a pesar del éxito de aquella grabación, que tuvo una venta millonaria, ninguna compañía se interesaba en grabarle un álbum pop. Así que tomó todas las ganancias del éxito de *Splish Splash* e hizo el álbum por sí mismo. Uno de los éxitos que grabó fue una vieja canción llamada *Mack el Navaja*. Este álbum no solo fue un gran éxito, sino que *Mack el Navaja* se convirtió en uno de los discos sencillos más vendidos en todo el mundo y todavía hoy se sigue escuchando. Bobby Darin se hizo célebre no por *Splish Splash* sino por la música que él más amaba, las antiguas canciones populares y el jazz.

De este caso podemos aprender muchas lecciones. Primero, con frecuencia, deberemos seguir las formas establecidas de hacer las cosas a fin de lograr nuestras metas. Debes modelarte a ti mismo con lo que está funcionando y después armonizar con el mercado. Una vez que has logrado cierta reputación, será más fácil intentar algo diferente, eso que tú quieres hacer.

Por ello, primero satisface las necesidades del mercado a fin de aumentar el capital que necesitas y después ve en busca de tus sueños. Una vez que hayas logrado tus propios fondos, podrás hacer lo que quieras. Podrás seguir un curso de acción que nadie más hubiera creído posible.

También uso el ejemplo de Bobby Darin para convencer a la gente que viene a mí con un concepto o una idea que parecen realmente demasiado alejados de lo usual, que tienen que armonizarse con el mercado. En algunos casos, su producto necesita un giro ligeramente diferente para funcionar, aunque eso no sea lo que ellos visualizaron para tal producto. El cambio usualmente implica quitar un componente, hacerlo más barato o presentarlo de una forma totalmente nueva y sencilla. Te voy a citar un ejemplo.

En el año 1973, una compañía de calculadoras, APF, vino a mí con su nuevo producto. Estaban todos muy emocionados con él y sentían que habían logrado el avance más grandioso y más emocionante en el mundo de la electrónica desde que se inventó la calculadora.

Tan confiados se sentían que estaban dispuestos a pagar el coste del anuncio de prueba.

—Joe, este producto es tan bueno que venderás millones —me dijo el presidente de la compañía.

En ese tiempo, una buena calculadora de escritorio con una gran pantalla se vendía por 69,95 dólares, más o menos. Los precios de las calculadoras en 1973 eran aún bastante altos, así que 69,95 dólares era un precio muy atractivo. APF había vendido sus calculadoras con éxito a 69,95 dólares pero sentía que con su última innovación tenían el producto cumbre, verdaderamente una revolución en electrónica (o al menos eso creían ellos).

—¿Cuál es la innovación? —pregunté. El presidente de la compañía y su gerente nacional de ventas vinieron a visitarme personalmente para presentarme el producto. Desenvolvieron una caja especial para mostrarme su prototipo, desvelándolo como si estuvieran destapando a un niño recién nacido.

Se trataba de la misma calculadora que yo había estado vendiendo el año pasado pero con una nueva característica, un reloj que funcionaba en la pantalla, cuando la calculadora no se estaba usando.

—¿Qué opina? —el presidente sonrió—. Pensamos venderla en 99,95 dólares.

No me gustaba la idea. Expliqué que el consumidor sentía que una calculadora era una herramienta de trabajo seria, que cuando no se usaba debía estar apagada. Las había estado vendiendo durante casi dos años y tenía un muy buen sentido del producto y de su atractivo emocional. Poner un reloj en la pantalla y mantener la calculadora encendida todo el tiempo era algo que no estaba en armonía con el consumidor y por lo tanto no tendría éxito. Incrementar el precio era también un error. Si yo decidiera, habría ofrecido el producto por 39,95 dólares o incluso por menos, a fin de librarme de las existencias. Sencillamente sentía que aquello no se vendería.

El presidente de la compañía no me creía.

—¿Qué? —exclamó—. Cuesta mucho más que el modelo normal y es algo revolucionario. ¿Por qué debemos pensar en venderla por menos?

Accedí a redactar un anuncio para probar mi argumento.

—Haré un anuncio grandioso, les permitiré que ustedes lo aprueben y lo publicaré en *The Wall Street Journal*. Mediremos la respuesta y si tiene éxito, crearemos una buena campaña de publicidad para ustedes.

Envié a APF el anuncio y les encantó.

—Si no funciona, me salgo del negocio de las calculadoras –dijo el presidente de la compañía. Así que lo publiqué.

Fracasó estrepitosamente. El producto se liquidó finalmente a 39,95 dólares un año después. Cuando no estás en armonía con el mercado, el mercado no te responde. Tomar un producto y hacerlo armonizar con el futuro cliente es sencillamente cuestión de buen sentido de la observación y de saber escuchar. No se necesita genio. Se necesita buen ojo y oído, y un poco de intuición también ayuda.

En la venta personal, tienes que entender la importancia de comprender el mercado y armonizarte con él. Debes descubrir lo que el futuro cliente quiere en un producto o servicio y luego suministrárselo. No puede ser más sencillo, pero muy a menudo el vendedor está más interesado en hacer una venta que en satisfacer las necesidades del cliente. Así que prepárate para modificar tu producto o tu servicio para que encaje en el mercado o para que satisfaga las necesidades de tu cliente.

Es muy importante que tu producto armonice con las necesidades del comprador y las satisfaga. Si no es así, deberás imaginar cómo cambiarlo. Podría ser con un color diferente, eliminando o añadiendo algún accesorio, el asunto es que el cliente es el rey. Tu meta es armonizar no solo con el mercado sino en particular con tu cliente. Si no, mejor quédate en tu casa y remójate en la bañera.

Resorte psicológico 28:

LA ARMONÍA

Capítulo 29

CÓMO FABRICAR UNA HORMONA

¿Has leído alguna vez un libro que ya sabías cómo acabaría después de leer las primeras páginas? ¿O una película donde toda la acción se puede fácilmente prever? Estarás de acuerdo en que estos libros y películas no suelen ser muy entretenidos.

Sin embargo, ocurre lo contrario cuando ves una película o lees un libro que te mantiene en vilo hasta el mismísimo final, un final creíble pero inesperado. Siempre que no sea predecible, es más entretenido.

¿Qué fuerzas en nuestras mentes nos hacen percibir una película o un libro como mucho mejor que otro?

Tengo una teoría que creo se acerca mucho a la respuesta: «Cuanto más deba trabajar la mente para llegar a una conclusión, más positiva, más placentera y más estimulante es la experiencia».

Durante muchos años enseñé este concepto en mis seminarios, y un día uno de mis alumnos me trajo el texto de un boletín informativo procedente de un medio de comunicación que confirmaba lo que les había estado enseñando.

El artículo decía que todo fracaso publicitario era causado por la carencia de un elemento. Una falta de atractivo para la totalidad del cerebro.

Después pasaba a explicar cómo la ciencia está rápidamente descubriendo que las diferentes partes del cerebro desempeñan diferentes funciones. Algunos investigadores sugieren que los seres humanos experimentan mucho placer cuando todas las partes de su cerebro están comprometidas en un nivel agradable de estimulación y de actividad.

Las cuatro partes del cerebro explicadas eran las del control del pensamiento, la intuición, las sensaciones y la emoción. La teoría sugería que la publicidad que compromete agradablemente los procesos de los sentidos, las emociones y el pensamiento, así como nuestra intuición innata, tenderá a tener éxito, mientras que la publicidad que simplemente capta la atención de los sentidos tenderá a ser solo temporalmente atractiva. La mayoría de las pruebas que en la actualidad se realizan para valorar una publicidad reflejan su recuerdo al día siguiente, pero no tienen en cuenta la respuesta de la totalidad cerebral ante esa publicidad.

Veamos qué tiene que ver esto con la redacción de textos publicitarios efectivos. Si haces tu texto demasiado obvio, el lector se sentirá menospreciado o aburrido. Deberás proporcionarle un poco de suspense, para que tenga que llegar a una conclusión por sí mismo usando la intuición, el pensamiento, la sensación y la emoción. Permíteme citar el ejemplo de un anuncio que redacté en una ocasión para relojes digitales.

El anuncio era para un reloj cronógrafo digital con alarma. En ese tiempo, Seiko era el parámetro de comparación para este tipo de relojes, pues fueron ellos los primeros en aplicar la nueva tecnología. El siguiente párrafo del anuncio muestra lo que quiero decir:

El cronógrafo con alarma de Seiko se vende en 300 dólares. Este reloj les cuesta a los joyeros 150 dólares. Y los joyeros lo adoran, no solo por la excelente reputación que tiene la marca Seiko, sino porque es probablemente el reloj digital de clase que más se vende en todo el país. Y Seiko no llega a abastecer a sus clientes con todos los relojes que necesitan.

Ahora, nota lo que no dije pero que es bastante obvio. Lee la cita de nuevo para ver si lo encuentras. Lo que no digo es que los joyeros estaban haciendo una pequeña fortuna cada vez que vendían un Seiko. No tenía que decirlo, pues los lectores podían llegar a sus propias conclusiones por sí mismos usando su intuición, su pensamiento y sus emociones. De haber sido demasiado obvio, añadiendo «y los joyeros están haciendo una pequeña fortuna», el anuncio no habría sido tan potente. La mente tiene que trabajar un poco para llegar a una conclusión a través de su propio proceso de pensamiento.

Este es un concepto muy sutil, pero muy poderoso. Es la diferencia entre hablarle al futuro cliente con aires de superioridad y hacer que sienta que le estás hablando directamente a él. Y es una de las teorías más difíciles de entender.

Para lograr una mejor apreciación de esta teoría, recuerda las ocasiones en que tuviste que trabajar mucho para lograr algo y cómo apreciaste luego lo logrado. Recuerdo todo el trabajo que tuve que hacer para obtener mi licencia de vuelo instrumental, después de haber obtenido la licencia de piloto privado. Me llevó meses de volar y estudiar, sin mencionar los miles de dólares en gastos. Cuando finalmente recibí mi permiso de vuelo instrumental, fue una de las alegrías más grandes de mi vida.

En contraste, cuando logré el título de piloto comercial, todo fue sencillo. No mucho estudio, poco vuelo y en pocas semanas tuve el título. Por supuesto, me sentí orgulloso de finalmente ser piloto comercial, pero no tan orgulloso como me sentí al recibir el de vuelo instrumental. Trabajar para lograr algo nos proporciona mucha satisfacción personal.

Y lo mismo se aplica a la mente y al proceso del pensamiento. Cualquier cosa que haga trabajar a la mente para llegar a una conclusión crea en el cerebro un efecto positivo, placentero y estimulante.

Disfrutas la venta a un cliente difícil mucho más que la del cliente fácil, que compra durante el primer minuto. Cuando me dan a vender un producto muy difícil y tengo éxito, obtengo gran placer en ello. Cuando es un producto realmente fácil —algo que ya tenga mucha demanda—, no tengo el mismo sentimiento de satisfacción.

Cuando Hemingway describía a las mujeres hermosas en sus libros, nunca era muy específico. Usaba términos generales y dejaba que sus lectores se las imaginaran.

Así ocurre en la venta personal. Si haces la charla de ventas demasiado obvia, el futuro cliente se sentirá tratado con excesivo paternalismo o se aburrirá. Hazlo pensar para que llegue a una conclusión y así le crearás un efecto mental muy estimulante.

Estoy convencido de que el cerebro segrega alguna hormona que tiene efectos placenteros cada vez que tenemos que expandir nuestras mentes un poco. Este efecto puede hacerte mucho más efectivo para lograr que tu futuro cliente intercambie su dinero arduamente ganado por tu producto o tu servicio.

¿Cómo podrías aplicar esto en el proceso de ventas? Muy sencillo. Muchas veces hablamos demasiado. Revelamos muchos datos, sin permitir que la mente y la inteligencia del cliente participen. Simplemente dándote cuenta de cómo funciona este poderoso resorte psicológico podrás elaborar una buena presentación de ventas que haga que el cerebro de tu cliente experimente un rato placentero y estimulante, permitiéndole llegar –por sí mismo– a las conclusiones que tú has elaborado para que él las descubra.

Cuanto más deba trabajar la mente para llegar a una conclusión, más positiva, placentera y estimulante será la experiencia. Es tan sencillo como fabricar hormonas.

Resorte psicológico 29:

INVOLUCRAR A LA MENTE

Capítulo 30

LA FUERZA MÁS PODEROSA

Si tuviera que decidir cuál es la más poderosa fuerza en publicidad y ventas, el resorte psicológico más importante, escogería la sinceridad. Las ventas deben ser una profesión honesta y sincera. Esto no significa que si no eres sincero en tu presentación, no puedas tener resultados de éxito. Podrás salirte con la tuya unas cuantas veces, pero finalmente te descubrirán.

Sin embargo, la finalidad de este capítulo no es comentar si puedes salirte con la tuya sin ser sincero y durante cuánto tiempo. Es acerca de la sinceridad como resorte psicológico, de la sinceridad como una herramienta de venta. Pero empecemos con una premisa muy importante.

El consumidor es muy listo. Más listo de lo que tú piensas y colectivamente más listo que cualquiera de nosotros. Con toda la experiencia que tengo en la comercialización de productos y con todo el conocimiento que he logrado durante los últimos treinta y cinco años, puedes creer en mi palabra, el consumidor es muy agudo.

He descubierto que puede también saber si uno es veraz en lo que está tratando de comunicar. Cuanto más veraz era yo en mi publicidad, más aceptado era mi mensaje por mis futuros clientes.

Miente en tus textos de publicidad y estarás engañándote a ti mismo. Tu texto dirá lo que piensas que quieres decir, pero también dirá lo que pensabas ocultar. Incluso un lector que lea apresuradamente dicho texto podrá sentir la diferencia.

Al redactar los anuncios de JS&A, incluía muchas de las características negativas de los productos. Resaltaba de entrada sus fallos. Y, por supuesto, explicaba por qué esos fallos no significaban mucho y por qué el consumidor debería aun así comprar mi producto. Los clientes quedaban tan impresionados con este enfoque y tenían tanta confianza en nuestro mensaje que compraban ansiosamente lo que les ofrecíamos.

Parecía que mientras más veraces y francos fueran mis anuncios, más positivamente respondía el consumidor. Pronto me di cuenta de que la veracidad es una de las mejores lecciones de publicidad que he aprendido jamás.

La gente realmente agradece la verdad. Y no puedes fingir. Si el cliente capta, o incluso siente, una afirmación falsa, matarás tu credibilidad para siempre.

En el proceso de la venta personal, es importante ser honesto en todo lo que dices y haces. Sin mentiras blancas. Sin cortinas de humo ni espejos. Y cuidado con exagerar. Mantener una presentación muy limpia y honesta hará más por tu éxito que cualquier otro de los resortes comentados en este libro.

Sí, puedes tener dilemas morales. Supongamos que estás trabajando para un patrón que no es honesto y usa tácticas engañosas en el negocio. Tienes que elegir. Puedes renunciar, o puedes enfangarte en el engaño. A fin de cuentas, al final a quien engañas es a ti mismo.

Si trabajas para una compañía honesta, tus oportunidades de éxito ya han dado un paso adelante. Si usas la sinceridad en tus respuestas y en tus presentaciones de ventas, y si hay total integridad en lo que piensas, dices y haces, no habrá forma de que nadie detenga tu éxito.

Resorte psicológico 30:

LA SINCERIDAD

AHORA TIENES LAS HERRAMIENTAS

Ahora ya has leído acerca de los resortes psicológicos más significativos que he descubierto en mis años de experiencia en la comercialización directa y cómo se aplican en el proceso de la venta personal. Los treinta resortes son poderosos. Puedo dar testimonio de cada uno de ellos, pues he experimentado su poder.

Ahora tienes la posibilidad de incrementar tus ventas más allá de cualquier cosa que hayas experimentado antes. Utilizar el poder de los treinta resortes te dará el poder adicional que necesitas para acrecentar tu negocio o incrementar tu riqueza exponencialmente. Pero tienes que actuar y hacer uso de esta información.

Mi sugerencia es que empieces inmediatamente con las hojas de trabajo que hallarás en el Anexo D, donde he relacionado todos los resortes y el número de capitulo donde se explica cada uno de ellos.

Algunos de ellos tendrán más significado para ti que otros. Pon una bandera roja sobre los diez resortes que sean los más importantes en tu actividad de ventas y enfócate en ellos. Conviértete en un experto en esos diez y descubre cómo puedes usarlos para vender más efectivamente tu producto o tu servicio.

O puedes calificar cada resorte con una número del 1 al 5, siendo 1 el más importante. Enfócate solo en el 1 hasta que lo domines, después en el 2 , y así sucesivamente.

Utiliza este libro como referencia. Si estás interesado en profundizar en tu conocimiento de la comercialización directa y deseas leer los otros que he escrito, por favor consulta a la editorial.

Y finalmente, siempre estoy abierto para escuchar tus comentarios y tus sugerencias. Por favor, cuando quieras, escríbeme o envíame un correo electrónico a:

JoeJSA@aol.com

Si has tenido algún gran éxito como resultado de leer este libro házmelo saber. Tus ejemplos podrían ser de ayuda y proporcionar ideas para una futura edición revisada.

Espero que hayas disfrutado leyendo *Los resortes psicológicos de la venta* tanto como yo disfruté escribiéndolo.

LOS RESORTES
(POR ORDEN ALFABÉTICO)

Pág.

LECTURAS RECOMENDADAS

La lectura de ciertos libros te preparará para convertirte en un buen vendedor y te ayudará a evitar muchos de los errores que otros han cometido. Este es uno de los beneficios que has obtenido al leer *Los resortes psicológicos de la venta*. Muchas otras personas del ramo de las ventas y la comercialización han escrito también libros que podrían serte de ayuda. Al leer otras perspectivas incrementas tus conocimientos y evitas los costosos errores que los autores cometieron. Ojalá yo hubiera leído todos estos libros en los primeros años de mi carrera.

How to Sell Anything to Anybody (Cómo vender cualquier cosa a cualquiera), Joe Girard. El vendedor más grande del mundo comparte sus secretos sobre cómo hizo una fortuna vendiendo coches en Detroit. El libro detalla cómo llegó a figurar en el *Libro Guinness de los récords* por haber vendido la mayor cantidad de coches en un año. Es una lectura interesante y contiene algunas ideas muy valiosas de este amigo y gran vendedor.

SALES MAGIC (La magia de las ventas), Steve Bryant. Bryant es uno de los máximos anfitriones de QVC y un verdadero maestro de ventas. En este libro nos habla de sus técnicas comprobadas para vender, con nuevas ideas sobre qué funciona y por qué. Es una oportunidad de incrementar tus ventas aplicando algunas de las técnicas que este popular y efectivo vendedor comparte. Le he visto personalmente usar muchas de estas técnicas en QVC, en la venta de las gafas *BluBlocker*.

INFLUENCE: THE PSYCHOLOGY OF PERSUASION (Influencia: psicología de la persuasión), Robert B. Cialdini. Este es un gran libro para comprender las herramientas básicas de la venta. Cialdini explora las muy sutiles maneras de influenciar a un cliente, a un ser amado o incluso al mercado en general, con las técnicas desarrolladas y comprobadas por él mismo. El autor es consultor de algunas de las quinientas compañías más importantes del mundo. Las técnicas que enseña aumentarán espectacularmente tus ventas.

CONFESSIONS OF AN ADVERTISING MAN (Confesiones de un Publicitario), David Ogilvy. Leí este clásico cuando empecé mi carrera en la publicidad en los años sesenta y desde entonces ha ejercido una gran influencia en mi vida. Ogilvy cree fervientemente en las disciplinas que los comercializadores directos utilizan para ejercer su oficio. Mucho de su conocimiento y de su sabiduría los adquirió estudiando la comercialización directa. Creó publicidad grandiosa para clientes como Rolls Royce, Sears, Sopas Campbell e IBM y fue también responsable de campañas para los gobiernos de Gran Bretaña, Francia y Estados Unidos.

SELLING THE INVISIBLE (Vendiendo lo invisible), Harry Beckwith. Esta es una guía de campo a la moderna mercadotecnia con muchos de los principios aplicables a la comercialización directa. Una guía realmente práctica de cómo funcionan los mercados y de cómo piensan los clientes. Beckwith presenta cientos de estrategias rápidas, prácticas y fáciles de leer. Se trata de una revelación con nuevas ideas de mercadotecnia.

SUCCESS FORCES (Las fuerzas del éxito), Joseph Sugarman. Este libro lo escribí en 1980, y trata de esas fuerzas que te impulsan al éxito y de aquellas que te arrastran hacia el fracaso. Conocer esas fuerzas y controlarlas debe ser la meta de cualquier persona que desee tener éxito y este libro describe cómo hacerlo. La primera parte es autobiográfica y la segunda contiene la base del concepto de las fuerzas del éxito.

Sales Closing For Dummies (La Guía Fácil de Ventas), Tom Hopkins. Este excelente libro se ha convertido en un clásico sobre ventas. Ojea cualquier capítulo y verás excelentes técnicas sobre cómo hacer una venta. Es el perfecto complemento de *Los resortes psicológicos de la venta*. Es un libro de técnicas y será de gran ayuda, tanto para el principiante como para el profesional ya experimentado.

Introducing NLP: Psychological Skills for Understanding and Influencing People (La venta con PNL), Joseph O´Connor y Robin Prior. Trata sobre cómo usar las técnicas de PNL en el proceso de ventas. La PNL se está convirtiendo rápidamente en una herramienta común en el arsenal del profesional de la venta y su comprensión y su uso te ayudarán mucho.

How to Sell Yourself (Cómo venderse a sí mismo), Joe Girard. Venderse a uno mismo es especialmente importante para los profesionales de las ventas. Este libro aporta muchas ideas excelentes. Uno de los mejores vendedores del mundo, Girard revela importantes secretos acerca de cómo desarrollar las destrezas básicas y los rasgos que hacen que otras personas intuyan que tienes mucho que ofrecerles.

Anexo C

CONTINUACIÓN DEL ENCUENTRO
EN LA TERCERA FASE

No podías esperar, ¿verdad? ¡Tenías que irte al final del libro! Has hecho algo que normalmente no haces. Bueno, simplemente has caído en el resorte de la curiosidad: tu presentación de ventas debe ser tan apremiante que motives a tus clientes a hacer cosas que por regla general no harían.

Entiendo que podrías pensar que esto es un truco sucio y que esta historia nunca sucedió. Estás doblemente equivocado. Esto es exactamente lo que ocurrió y no se trata de ningún truco. Pero que la gente meta la mano en su bolsillo e intercambie sus dólares tan duramente ganados por tu producto no es un acto natural. Hace falta mucha motivación. Y esa motivación tiene que ser generada por una presentación de ventas apremiante. Tu presentación de ventas debe ser tan hipnótica que la gente quede totalmente fascinada con lo que les dices, pendiente de cada palabra, esperando satisfacer su curiosidad.

Ahora creo que sería injusto dejarte colgado, una vez que he demostrado mi argumento. Después de todo, estabas tan involucrado con mi relato que te has saltado los últimos tres capítulos (algo que normalmente no haces) para saber exactamente qué me dijo Ginger en mi oficina en aquel dramático momento. Me dijo esto:

—Joe, quiero que solo tú me ayudes. Quiero que seas mi maestro, mi guía en esta jungla de la comercialización directa. No sé qué puedo hacer para motivarte a ayudarme pero sí sé lo que la mayoría de los hombres aprecian. Durante toda mi vida me han hecho proposiciones pero nunca me he ofrecido abiertamente a un hombre. Lo que estoy diciendo, Joe, es que...

—Espera –la interrumpí, casi sin encontrar las palabras adecuadas mientras levantaba una mano y finalmente le decía–: Has escogido a la persona equivocada. No te humilles más. No puedo aceptar lo que pienso que estás tratando de decir. No puedo hacer ese trabajo para ti. Realmente estoy demasiado ocupado para aceptar proyectos externos. Pero ve a mi seminario, te permitiré que asistas gratis a condición de que me pagues después, cuando hayas ganado tu primer millón de dólares.

Ginger abandonó mi oficina, quizá un poco avergonzada, y nunca más volví a saber de ella. Sospecho que pensó que podría incitarme a redactar sus textos publicitarios haciendo ostentación de su cuerpo. ¿Habría seguido adelante? Creo que nunca lo sabré.

Cuando aquella noche llegué a mi casa y mi mujer me preguntó cómo me había ido, le dije:

—He sido casi seducido por una hermosa rubia, ansiosa de darme su cuerpo a cambio de que le redactara un anuncio.

También utilicé el poder de la curiosidad en otro punto del libro. En el capítulo 3 dije que más adelante volvería a hablar de la prostituta.

Este sencillo dispositivo fue diseñado para hacer que avanzaras a lo largo el resto del libro con la ilusión de leer este jugoso giro de mi relato. Bueno, en este caso no hay nada más. Fue un sencillo truco, otro ejemplo para mostrarte el poder de la curiosidad.

HOJAS DE TRABAJO DE LOS
RESORTES PSICOLÓGICOS

Examina tu producto y descubre cómo
podrías mejorar cada uno de los aspectos
de tu programa de ventas

L as siguientes hojas de trabajo contienen un resumen de los resortes explicados en este libro y de las acciones que puedes emprender para aplicarlos en tu propio programa de ventas. Los espacios en blanco que siguen a cada resumen son para que relaciones los pasos, los procedimientos o las ideas que esa página te genere. Escribe algo en cada página y después añádele cosas, a medida que se te vayan ocurriendo. El capítulo correspondiente a cada uno de los resortes está indicado entre paréntesis.

Llenar estas hojas de trabajo es uno de los pasos más decisivos que puedes tomar. El hecho de realizar este ejercicio cristalizará tu pensamiento y te ayudará a poner en práctica lo que acabas de aprender. Si lo dejas para después, recibirás solo una fracción del valor de este libro. Así que actúa ahora. Y conserva el libro. Trabaja solo con cinco resortes al día. En una semana te asombrarás de ver lo que has progresado.

Hay una definición muy antigua de la palabra suerte, que es: «Cuando la oportunidad se encuentra con la preparación». Las oportunidades son usualmente abundantes, solo tienes que prepararte. Si te preparas, la suerte vendrá a ti.

La continuidad (capítulo 1): una vez que ha tomado una decisión de compra, el cliente tiene tendencia a continuar comprando o actuando de una forma coherente con su acción previa.

Acción: si un cliente te acaba de comprar algo, es la oportunidad ideal de ofrecerle algo más. En las ventas por teléfono, ofrécele un producto adicional. En persona, añade un accesorio o algún producto similar al que ha adquirido.

Más información en la página 17.

La naturaleza del producto (capítulo 2): cada producto tiene su propia personalidad y su naturaleza, además de una serie especial de características que lo relacionan con tu futuro cliente. Reconoce la naturaleza del producto y relaciona sus características con el cliente.

Acción: averigua las razones principales de por qué la gente compra tu producto, desde los niveles emocional y lógico, y después elabora tu presentación de ventas teniendo en cuenta esas razones.

_____

_____

_____

_____

_____

_____

_____

_____

_____

Más información en la página 25.

La naturaleza del cliente (capítulo 3): tienes un producto o un servicio y has valorado ya su atractivo tanto en lo emocional como en la lógica. El próximo paso es aprender todo lo posible acerca de tu futuro cliente. ¿Qué lo motiva? ¿Cuáles son las razones emocionales y lógicas por las que puede comprar tu producto? Una vez que conozcas estas razones, tendrás un gran resorte para lograr ventas efectivas.

Acción: habla con tus futuros clientes y averigua qué hay en tu producto que sea importante para ellos. Ensaya usando diferentes atractivos y averigua cuál es el que funciona mejor.

Más información en la página 31.

Resaltar las objeciones (capítulo 4): comprendes la naturaleza de tu producto, conoces a tu futuro cliente y tienes un gran producto. Pero ese producto adolece de un fallo que disuadirá a algunos clientes de comprarlo. ¿Qué haces? Resaltas el fallo o la objeción a la compra y lo encaras en el texto de tu anuncio o en tu enfoque de ventas.

Acción: averigua cualquier característica del producto que pueda ser vista como negativa por tu cliente y comenta este hecho antes que nada en el texto publicitario o en la presentación de ventas.

Más información en la página 37.

Solucionar las objeciones (capítulo 5): ya has resaltado la objeción en el texto o en la presentación pero ahora debes resolverla. De otra manera le estarás confirmando al futuro cliente que no debe comprar.

Acción: muestra por qué la objeción es realmente un asunto sin importancia o bien exponle lo insignificante que es, comparada con las cualidades positivas del producto.

_____

_____

_____

_____

_____

_____

_____

_____

_____

Más información en la página 41.

El involucramiento y el sentido de la propiedad (capítulo 6): habla con el cliente como si ya poseyera el producto y lo estuviera probando. Haz que el cliente use su imaginación para sentirse más involucrado en el proceso de compra.

Acción: en el medio impreso, describe al futuro cliente como si ya estuviera usando el producto o poseyéndolo, con textos como: «Vea cómo se siente al tacto», u otras frases sensorialmente descriptivas. En persona, pídele que sostenga algo relacionado con el producto o que gire los mandos, que maneje o que conduzca el producto, que patee los neumáticos, cualquier cosa que lo involucre físicamente en el proceso de venta.

Más información en la página 49.

La integridad (capítulo 7): ¿estás cumpliendo tus promesas? ¿Lo que dices es lo que harás? ¿Tus acciones coinciden con tus palabras? Todo esto es decisivo. Un futuro cliente estará menos dispuesto a comprar tu producto si sospecha que no estás negociando con integridad.

Acción: asegúrate de que todo lo que digas sea veraz y que tus palabras y tus actos coincidan. Asegúrate de que no estás ocultando algo que pudiera afectar a la satisfacción del futuro cliente.

_____

_____

_____

_____

_____

_____

_____

_____

_____

Más información en la página 55.

Contar cuentos (capítulo 8): a todos nos gusta un cuento. Es una técnica para captar la atención que hemos conocido y gozado desde la niñez. El cuento le aporta un elemento humano a tu presentación y te ayuda a vincularte con tu futuro cliente.

Acción: cuenta un cuento que tenga que ver con tu producto o con tu servicio o que muestre su uso en una forma relacionada con tu futuro cliente.

_____

_____

_____

_____

_____

_____

_____

_____

Más información en la página 59.

La autoridad (capítulo 9): a todos nos gusta una autoridad en quien confiar cuando tomamos una decisión de compra. Si el cliente puede comprar el producto a alguien o a una compañía reconocida como experta en su campo, lo hará.

Acción: averigua en qué aspectos tienes autoridad y muéstraselos a tu futuro cliente. Puedes ser el mayor, el más listo, el más antiguo, el mejor equipado o incluso el que trabaja más. Cualquiera que sea, muestra esa autoridad.

_____

_____

_____

_____

_____

_____

_____

_____

_____

Más información en la página 63.

Demostrar el valor del producto (capítulo 10): independientemente de que el cliente sea rico o pobre, quiere saber que el valor de lo que está comprando justifica su precio. Resalta las comparaciones verídicas con otros productos, los posibles ahorros o sencillamente los precios de ganga.

Acción: muestra el valor de tu producto comparándolo con otros similares. Asegúrate de que tus comparaciones son honestas y de que el valor que declaras es real.

_____

_____

_____

_____

_____

_____

_____

_____

_____

_____

Más información en la página 71.

La emoción (capítulo 11): exprésate con emoción. En el proceso de ventas, la emoción es lo que vende, mientras que la lógica solo justifica. Mira cada palabra como una expresión emocional de algún sentimiento. Considera las palabras como historias emocionales.

Acción: examina las razones emocionales de por qué los futuros clientes quieren comprar tu producto y tenlas en cuenta en tu texto o en tu presentación de ventas. Revisa tu texto o tu presentación y añade pasión a lo que dices. Mientras más pasión puedas expresar, más ventas generarás.

_____

_____

_____

_____

_____

_____

_____

_____

_____

Más información en la página 77.

Justificar con lógica (capítulo 12): si bien la emoción es lo que vende, la lógica justifica la compra. Para muchos productos o servicios, es importante dar las razones lógicas de por qué el cliente debería comprar. Aquí es donde resulta útil convertir las características en ventajas técnicas, ahorro de dinero o efectividad.

Acción: una vez que hayas establecido la razón emocional para comprar tu producto, justifica la compra con razones que tengan sentido lógico.

Más información en la página 85.

La codicia (capítulo 13): la codicia ha sido uno de los elementos emocionales básicos del ser humano desde el inicio del comercio. A la gente le gusta recibir más de lo que piensa que se merece por el dinero que está pagando. Y esto puede ser usado en nuestra ventaja sencillamente dándole a tu producto un precio muy bajo y elevando el valor percibido de ese producto.

Acción: haz que tu precio parezca tan bajo como sea posible. Mientras más grande hagas el valor percibido, mayor codicia provocarás en tu futuro cliente.

_____

_____

_____

_____

_____

_____

_____

_____

_____

Más información en la página 89.

La credibilidad (capítulo 14): ¿tu mensaje es creíble? Si algo acerca de tu mensaje no lo es, hay muchas posibilidades de que el cliente lo sienta. Asegúrate de que cada afirmación que hagas sea veraz, no demasiado exagerada y completamente creíble.

Acción: revisa cada afirmación que haces para precisarla. Asume que estás ante un tribunal y que tendrás que demostrar todo lo que digas. ¿Serías declarado inocente o culpable?

_____

_____

_____

_____

_____

_____

_____

_____

_____

_____

Más información en la página 95.

La convicción de satisfacción (capítulo 15): una buena convicción de satisfacción multiplicará la respuesta a tu oferta. Es más que un periodo de prueba que promete satisfacción o la devolución del dinero. Una convicción de satisfacción dice: «Estoy tan seguro de que vas a quedar satisfecho que voy a hacer algo que te hará pensar que muchos se aprovecharán de mí».

Acción: inventa una convicción de satisfacción que haga que tu futuro cliente se convenza de que tu producto o servicio es tan bueno que no podrías hacer la oferta si no lo fuera.

_____

_____

_____

_____

_____

_____

_____

_____

Más información en la página 103.

El eslabonamiento (capítulo 16): es la técnica de relacionar lo que el consumidor ya sabe y comprende con lo que le estás vendiendo, a fin de hacer al nuevo producto más fácil de comprender. Esta técnica también se usa para identificar aquello que puede añadir valor a tu producto o relacionarlo con una moda. El eslabonamiento es un sistema emocional con el que los seres humanos almacenamos experiencias y conocimientos y los conectamos con nuestro hacer de cada día.

Acción: relaciona aquello con lo que puedas eslabonar tu producto o servicio y que le añada algún valor o que lo identifique con algo que tu cliente ya conoce y entiende.

_____

_____

_____

_____

_____

_____

_____

_____

Más información en la página 109.

El deseo de pertenecer a un grupo (capítulo 17): hay una fuerte razón psicológica por la que la gente compra un producto o una marca específica. Quieren pertenecer al grupo de personas que ya poseen esa marca.

Acción: averigua qué grupo de gente ya posee tu producto y qué relación tiene con él. Usa esa información para elaborar tu presentación de ventas.

_____

_____

_____

_____

_____

_____

_____

_____

_____

Más información en la página 117.

El afán de coleccionar (capítulo 18): la psique humana suele generar un deseo de coleccionar objetos. Las colecciones de sellos o monedas son muy comunes. Pero el deseo de coleccionar va mucho más allá. Casi cualquier producto es coleccionable.

Acción: sé consciente de que los mejores clientes para el producto que estás vendiendo podrían ser también buenos clientes para productos similares. No menosprecies el deseo de coleccionar del posible comprador.

Más información en la página 123.

La sensación de urgencia (capítulo 19): Si al final de la presentación el cliente te dice que lo tiene que pensar, probablemente hayas perdido esa venta. Es muy importante que lo llames a la acción de un modo tan apremiante como sea posible, que crees una sensación de urgencia que no permita dilaciones.

Acción: busca una razón sólida de por qué tu producto o tu servicio debe ser adquirido ya. Proporciona incentivos, razones para comprar ahora y fuertes estímulos a la acción.

Más información en la página 129.

La exclusividad (capítulo 20): ser el dueño de algo que pocos pueden poseer es una de las motivaciones humanas más fuertes. Un objeto de colección, una edición limitada, algo de producción pequeña o algo tan caro que solo unos cuantos puedan poseer son fuertes factores motivadores que hacen que el cliente compre.

Acción: haz tu producto más exclusivo limitando su disponibilidad y haciendo que esto se sepa. Puedes incrementar su exclusividad firmando o limitando los artículos, comparando la cantidad disponible con otros productos que hay en el mercado o mostrando cómo la gran demanda está haciendo que escasee rápidamente.

_____

_____

_____

_____

_____

_____

_____

_____

Más información en la página 139.

La sencillez (capítulo 21): mantener sencilla tu presentación de ventas es extremadamente importante. Por cada complicación que haya en tu oferta, tu efectividad caerá drásticamente. Mantener una oferta sencilla es como tomar tú la decisión de compra, en lugar del cliente.

Acción: ¿qué le puedes quitar a tu oferta para hacerla más sencilla? ¿Es tan simple que cualquiera puede entenderla? Obsérvala detalladamente y ve si hay algo que puedas hacer para que la elección sea más sencilla para el cliente.

_____

_____

_____

_____

_____

_____

_____

Más información en la página 145.

El sentimiento de culpa (capítulo 22): dale algo a alguien y automáticamente engendrarás en él un sentimiento de reciprocidad. Y un sentimiento de culpa. Con frecuencia esa persona te dará más de lo que tú le diste. Esto se emplea usado con frecuencia en la comercialización directa con el uso de calcomanías, hermosos folletos a color, y correspondencia repetitiva.

Acción: ¿qué le puedes enviar a tu futuro cliente que te cueste poco pero que engendre un sentimiento de culpa o la necesidad de corresponder? ¿Cómo puedes proveer un servicio tan excelente que tu futuro cliente se sienta en deuda contigo y quiera comprar?

_____

_____

_____

_____

_____

_____

_____

_____

_____

Más información en la página 151.

Usar datos específicos y concretos (capítulo 23): cuando usas datos específicos, tu texto publicitario es mucho más creíble. La jerga típica de la publicidad con afirmaciones genéricas suele ser desechada como simple cacareo publicitario. Al usar datos específicos mejoras tu oferta y la haces más creíble.

Acción: añade datos concretos a tus afirmaciones. Investiga los hechos y utiliza los detalles.

_____

_____

_____

_____

_____

_____

_____

_____

_____

_____

Más información en la página 157.

Lo conocido (capítulo 24): la gente estará más dispuesta a comprar si le suena el nombre de la marca, el producto o la compañía que lo ofrece. Cuanto más conozcan tus futuros clientes tu marca o tu compañía, más inclinados estarán a aceptar tus afirmaciones y a adquirir lo que les ofrece.

Acción: haz a tu compañía conocida a través de la repetición y de la presencia.

Más información en la página 161.

El modelado (capítulo 25): si tienes un producto para vender y otros han vendido un producto similar, averigua cómo lo hicieron y modela tu enfoque como el de ellos. Pero no lo copies. Hay probabilidades de que si su enfoque funcionó para ellos, lo haga para ti también. Después, cuando ya hayas tenido éxito, podrás proponer nuevas formas de vender tu producto.

Acción: averigua quiénes son los que más éxito tienen en tu campo y descubre en qué se basa su efectividad. Después imagina una forma de modelar tu enfoque como el de ellos sin copiarlos, añadiendo tu sello propio.

_____

_____

_____

_____

_____

_____

_____

_____

Más información en la página 167.

La esperanza (capítulo 26): una esperanza ligada de alguna forma a tu producto puede ser un factor de motivación muy fuerte para tu cliente. Las posibilidades abundan. Cualquier cosa que tu cliente quiera ser o tener abre un enorme campo para buscar una esperanza que pueda ser insinuada.

Acción: averigua lo que puedes insinuar que le dé a tu cliente la esperanza de que el producto le brindará un cierto beneficio, algo que no puedes garantizar pero que puede ser posible si lo compra.

Más información en la página 173.

Curiosidad (capítulo 27): esta poderosísima herramienta puede ser usada en el principio de una presentación de ventas para mantener al lector o al espectador pendientes del mensaje. Usa este resorte para mantener al cliente interesado e involucrado hasta el fin mismo de la presentación.

Acción: al iniciar tu presentación de ventas, usa semillas de curiosidad y promete un fruto que hará que el cliente se mantenga totalmente atento.

Más información en la página 177.

La armonía (capítulo 28): es importante que estés en armonía con tu cliente y con sus necesidades. Si el cliente no necesita una característica, no se la ofrezcas. Haz que tus clientes estén de acuerdo con tus afirmaciones veraces y precisas y que empiecen a asentir con la cabeza coincidiendo contigo.

Acción: analiza cada afirmación de tu mensaje de publicidad para asegurarte de que habrá acuerdo y aceptación por parte de tu cliente. Elimina o cambia cualquier oración que pudiera provocar una respuesta negativa.

Más información en la página 187.

Involucrar a la mente (capítulo 29): al retar el proceso mental del lector o del observador y no hacer tu presentación demasiado obvia, provocarás una sensación de actividad mental que dejará al futuro cliente con buena actitud hacia tu mensaje.

Acción: no les hables a tus clientes con aires de superioridad ni de humildad. Involúcralos mentalmente en el proceso de ventas estimulando las cuatro áreas de su cerebro.

Más información en la página 193.

La sinceridad (capítulo 30): tal vez sea este el más poderoso de todos los resortes psicológicos. Aun si tratas de ocultar una mentira, tu futuro cliente percibirá la verdad y perderás la venta. Sé veraz en todo lo que digas y te ganarás al cliente.

Acción: revisa tu mensaje de ventas y asegúrate de que todo lo que dices sea veraz. De hecho, mientras más veraz seas, más efectiva resultará tu presentación de ventas.

_____

_____

_____

_____

_____

_____

_____

_____

_____

Más información en la página 199.

ÍNDICE TEMÁTICO

Índice temático

ÍNDICE